# 把自己
# 活成一支队伍

丽莎 ● 著

天津出版传媒集团

天津人民出版社

图书在版编目（CIP）数据

把自己活成一支队伍 / 丽莎著. -- 天津：天津人民出版社, 2018.12
ISBN 978-7-201-14255-5

Ⅰ.①把… Ⅱ.①丽… Ⅲ.①职业选择—通俗读物
Ⅳ.①C913.2-49

中国版本图书馆CIP数据核字(2018)第259422号

# 把自己活成一支队伍

## BA ZIJI HUOCHENG YIZHI DUIWU

丽莎 著

| | |
|---|---|
| 出　　版 | 天津人民出版社 |
| 出 版 人 | 刘　庆 |
| 地　　址 | 天津市和平区西康路35号康岳大厦 |
| 邮政编码 | 300051 |
| 邮购电话 | （022）23332469 |
| 网　　址 | http://www.tjrmcbs.com |
| 电子信箱 | tjrmcbs@126.com |
| 责任编辑 | 杨　芊 |
| 特约编辑 | 赵　鹏 |
| 装帧设计 | 主语设计 |
| 印　　刷 | 天津中印联印务有限公司 |
| 经　　销 | 新华书店 |
| 开　　本 | 710×1000毫米　1/16 |
| 印　　张 | 16 |
| 字　　数 | 188千字 |
| 版次印次 | 2018年12月第1版　2018年12月第1次印刷 |
| 定　　价 | 42.00元 |

# 把自己活成一支队伍，做时代的"宠儿"

我们正身处在一个竞争激烈、瞬息万变的时代，任何企业都有可能在一夜之间倒闭，没有产品不可替代；任何人都有可能突然被解雇，没有人不可替代。想要成为这个时刻都在变化的时代里的赢家，就必须让自己成为一个适应力强大的人，无论到哪家企业、哪个组织、哪支团队、哪方平台……都能活得很"兼容"、很"滋润"、很出类拔萃、很受欢迎、很有影响力、很受重用。要成为这样的人，最好的方法是：把自己活成一支队伍。

把自己活成一支队伍，你将无所不能，没有你解决不了的难题，因为你既一专多能甚至多专多能，又能借助他人的资源与力量，解决你的问题，达成你的目标与任务。把自己活成一支队伍，一支以自己为统帅的战斗力强大的团队，它是无形的，因为只有需要这支队伍出现时它才会"出现"，然后"打败敌人"，或实现各种目标；它又是有形的，因为你总是需要有现实中的人来帮助你解决问题，这个人可以是你，也可以是愿意帮助你的任何人。

把自己活成一支队伍，你就能适应未来的任何变化，到什么环境都能在极短时间内脱颖而出，因为你此时已经习惯于"U盘化生存"，能像U盘那样，到哪里都"即插即用"，和任何企业、组织、团队、平台甚至个人都能轻松"兼容"。你已经从只擅长一项技能、只能在一个岗位上待着的"零件"型人才成长为擅长多项技能并知道谁擅长某项技能然后说服这个人来为你服务的"航空母舰"型的顶级人才。这时候的你，能胜任任何位置，解决任何难题，取得任何成就。

　　无论在哪里工作，身处哪个位置，年龄多小或者多大，你都可以把自己活成一支队伍。事实上，只要你懂得优化、整合各种资源，善于借各种力量来帮助自己，你这支"队伍"就远远胜过一支百万人的雄狮甚至千万人的雄狮！

　　为了更高效、可持续地整合资源、借力成事，你至少要做到：一、成为说话高手，能迅速说服别人。要知道，你能说服多少人主动帮助你，你这支"队伍"就有多强大，就能解决多少和多难的问题。二、经营人脉。你人脉越广，可以借到的力越多。三、思利及人。你越能够考虑他人的利益、关注并满足他人的需求，愿意主动帮助你的人就越多。

　　进入"U盘化生存"状态，让自己从"零件"进化为"航空母舰"，主要目的是让自己轻松适应当今这个时代的各种变化，多享受一点社会红利。为此，你需要学会选对位置、平台和环境，选准"风口"与趋势，努力将个人价值最大化。

　　置身于当今这个竞争激烈到白热化的时代，想要享受到尽可能多的社会红利，将个人价值最大化，你还必须成为一个总能勇敢突破障碍、始终努力拼搏的人。总能勇敢突破障碍，你就能让你的"队伍"梦想成真，将竞争对手一个个都甩在后面。始终努力拼搏，你就会成为这个时代的"宠儿"，被命运不断青睐。

　　愿本书能帮助你更快地活成一支队伍，更容易地适应时代的变化，更早地成为时代和命运的"宠儿"，更多地享受到顺势而为带给你的社会红利。

# | 目 录 |

**第五章**

**经营人脉：高效拓展人脉，倍增你"队伍"的实力**

**第六章**

**思利及人：全方位"利他"的"队伍"未来最有竞争力**

## 第七章
## 做说话高手：你说服的人越多，你的"队伍"越壮大

## 第八章
## 突破障碍：勇敢坚韧，让你的"队伍"梦想成真

**第九章**
**拼出未来：用努力拼搏将你的"队伍"变成命运宠儿**

## 第一章

# U盘化生存:
## 从"零件"进化为"航空母舰"

# 小心！有些让你舒适的东西可能正在毁灭你

当今时代，各种变化日新月异，新生事物如雨后春笋般不断涌现出来；很多领域的发展速度一日千里，仿佛在该行业前行的列车上装上了10倍速的引擎；各种竞争越来越激烈，甚至有些竞争可以用惨烈来形容。这个时代，几乎没有什么事物不可被替代，没有什么位置上的人不可被替代。

身处其中的我们，如果不能提升自己的适应能力，很容易就被替代，被淘汰，被远远地甩在时代的后面。怎样让自己更从容地应对这样的时代呢？让自己成为"一支队伍"，让自己"学会U盘化生存"，甚至让自己进化为一艘"航空母舰"！然而，在这样的时代里，有很多人依然"沉睡"在"舒服"的状态里，并没有为危机的到来做好任何准备。

身处舒适状态时，绝大多数人都容易安于现状，不思进取，又或者想进取却迟迟不去行动。然而，无论在生活里还是职场中，长期陷于舒适状态而无法自拔，最终很容易毁灭掉自己。以我们如今生活中常见的一种现象为例。最容易让人陷入毁灭性舒服状态的事情之一，是"啃老"。

在如今这个时代，我们很容易就能看到"啃老"的人。大多数"啃老"的人，年龄都在二三十岁；但也有一些四十多岁的人，还在"啃老"，真让人感觉悲哀。

这些"啃老"的人里，有很多是没有工作、没有收入的人，但也有一些人是有正式工作和稳定收入的，但他们依然习惯于在衣食住用行等方方面面都靠着父母供养。

在"啃老"这个问题上，近些年颇为突出的一个问题是，孩子让父母掏出一辈子的积蓄为自己买房。刚开始时，还有媒体和专家批评这样的年轻人，但最近居然已经有专家开始鼓吹"啃老"买房，甚至认为掏空父母甚至爷爷奶奶外公外婆的"钱包"去买房，也是没问题的！

"啃老"这件事短期来看似乎不会产生什么危害，毕竟"天塌下来"也有父母长辈去扛着，无论什么样的风雨寒热、苦难挫折，都有父母代为承受，自己只需要舒舒服服、心安理得地享受着生活和人生即可。

然而，长期来看，这样的舒服生活其实是在毁灭你的未来。因为在这个过程中，你的生存和发展的能力正在一步步丧失！等到有一天，你的父母、长辈没有能力让你"啃老"和照顾你了，你终要靠自己去自力更生。这时候，你会发现，你很可能已经没有能力去面对和应付这个残酷的社会，连生存都成了问题。

麦当劳创始人雷·克洛克讲过了这样一个小故事。很多年以前，美国加利福尼亚州蒙特雷镇发生过一场鹈鹕危机。一直以来，蒙特雷镇都是鹈鹕生活的天堂。然而，那一年鹈鹕的数量却骤然减少。为什么会发生这样的危机？生物学家刚开始认为是发生了禽鸟瘟疫，环境学家则认为是海水污染超标造成了鹈鹕数量的大幅度减少。

经过一段时间的严密调查，科学家们最后发现了原因。原来，造成鹈鹕数量大幅度减少的"罪魁祸首"竟然是镇上新建的钓饵加工厂。在过去，蒙特雷镇的渔民在海边收拾鱼虾时，往往会将鱼的内脏扔给鹈鹕吃。久而久之，鹈鹕变得又肥又懒，完全依赖渔民的施舍过活。后来蒙特雷镇建起了一座加工厂，开始从渔民那里收购鱼的内脏，作为原料去生产钓饵。结果，自从鱼的内脏可以用来卖掉以增加渔民的收入以后，渔民就不再把它喂给鹈鹕们吃了。于是乎，鹈鹕们的免费午餐没有了。

但是，鹈鹕们已经过惯了饭来张口的生活，虽然渔民已经不再给鹈鹕投喂鱼内脏，但鹈鹕们依然日复一日地等在渔船附近，期盼着食物能从天而降。然而，鱼内脏再也没有从天而降过，所以鹈鹕们变得又瘦又弱，后来还饿死了很多。更可悲的是，在过去的这些年里，世世代代靠渔民的鱼内脏养活的蒙特雷鹈鹕们，早已丧失了捕鱼的本能！

那些过着"啃老"生活的人，和蒙特雷镇上这些习惯了天天吃渔民投喂的鱼内脏的鹈鹕们是何其相似啊！如果有一天，"啃老族"的父母或长辈再也无法投喂"鱼内脏"，"啃老族"也会遭遇到巨大的生存危机。而这一天必定会到来。

习惯于"啃老"，后果很严重。而在职场里，如果太安于现状，长期让自己陷于安逸舒服之中，后果可能比"啃老"还要严重。

拥有硕士文凭的李磊已经在一家高科技公司工作了7年。他在这家公司里上班，薪水待遇还不错，并且有着一个"技术应用经理"的头衔，还有两个助手跟着他一起工作。在外人看来，李磊在职场上发展得还不错。然而，他却经常焦躁不安，总想换一个工作环境，觉得自己实在没法在这里待下去了。这究竟是为什么呢？

原来，李磊他们三个人每天要做的事情也就是等客户的电话，随时待命为客户的机器更换损坏的电路板。对于李磊来说，这样的工作，他已经做了5年。大概是在工作了3年的时候开始，他感觉自己根本就学不到新东西了，工作内容全部是这样的一天天在重复，自己几乎得不到成长和进步。

李磊逐渐意识到自己不能这样下去，他想改变。于是，他投递过一些简历出去，但像他这样已经工作了7年的人，在找一份新工作时，不免会"高不成，低不就"。对于下一家公司的工作职位也好，薪水待遇也好，他都有着更高的要求。另外，他对自己的工作能力也没有足够的信心。结果，过去这几年已经习惯了安稳、舒服的工作状态的他，由于害怕风险、担心自己不能胜任新的工作，所以尽管有公司让他去面试，他却最终都没有去。

接下来的日子里，想跳槽去一家更好的公司的念头时不时浮现，但他又总是担心自己离职后，会找不到现在这样的薪水待遇还不错、自己又游刃有余的工作。在患得患失之间，时间匆匆而逝。而他则经常感到痛苦不堪，因为他总是想起"温水煮青蛙"的故事。他知道，如果一直留在这里，看起来很安逸、舒适，但其实是在过着一种"温水煮青蛙"的生活，自己正是那只被温水慢慢煮着的青蛙，如果不能跳出"水锅"，自己最终的结局就是"死在锅里"。但是，他又舍不得这份舒服和稳定。所以，他才会常常焦虑不已。

李磊时不时会想到的"温水煮青蛙"的故事，其实很多人都知道，我们在这里不妨简要地介绍一下。美国有一所大学做过这样一项实验：科研人员将一只青蛙猛地丢进装有沸水的铁锅里，结果青蛙受到了意外的强烈刺激，所以做出了迅速灵敏的反应，然后奋力一跳，跃出了锅外，拯救了自己。然后，科研人员又将这只青蛙放进了装满凉水的铁锅里，并在铁锅底下逐渐加温。只见该青蛙在温水里悠然自得地享受着温水的舒服，直到它感到锅里的水已经烫得令自己无法忍受时，它很想跃出水面，离开铁锅，可惜这时候的它已然动弹不得，最终被热水烫死了。

过于安逸往往是危机的开始。据说一个人三年不说话，就会变成哑巴，语言系统会自动丧失功能。工作能力在某种意义上也是这样。如果一个人一直很安逸地工作，一直做着简单、重复性、机械的工作，我们的想象力和创造力就会丧失。所以，一个有思想、有目标、不断进取的人，时时刻刻都很清醒，不会被安逸的生活所俘虏，能清楚知道自己的每一份工作都是为了自己以后更好的生活做准备，绝不会得过且过，安于现状，不思进取，而是能居安思危、未雨绸缪，不断成长和提升自己。

# 终身雇佣的时代已经过去，没有人不可替代

在美国华尔街，有一家位列"世界500强"的大企业宣布裁员，计划裁掉五千人，除了董事长和CEO，谁都有可能被裁掉。身为该企业高层管理人员的史蒂夫在裁员名单出来前，每天都忐忑不安，担心自己也会出现在裁员名单上。最终，他幸运地没有被裁掉。

他感慨道："这次的经历现在想起来还一阵阵后怕。和我共事多年的很多同事、好友都被裁员或者降职了。这世道真的是谁都不好过啊！这一次我虽然保住了饭碗，但对企业的看法已经和以前截然不同。我已经在这家公司工作了三十年，人生中最好的时光都奉献在了这里。在过去，我们觉得只要努力工作，不断为公司做出贡献，公司就一定会照顾我们，不会无缘无故炒掉我们。没想到，现在却突然被告知'公司的任何雇员都不再有铁饭碗'了。看来，终身雇佣的时代已经过去了！"

在上海，刚刚晋升为人力资源部经理的陈汉，马上便接到了董事长交给他的一个极为棘手的任务：经董事会决议，公司要裁掉一批老员工。陈汉一看名单，压力陡增，原来，这些要被裁掉的员工，都是公司里元老级的员工！

陈汉感觉非常为难，在他看来，这些员工的资历甚至比自己还老，有些还是自

己以前同一个部门的同事，一直都在为公司努力工作，尽职尽责。而且，他很了解这些员工的能力，每一位都足以胜任现在的工作。于是，他找到了董事长，向他求情，希望不要裁掉这些老员工。没想到，董事长很直接地告诉陈汉，目前人才市场上很容易就能招到足以替代这些老员工的人才，却只需要付给相当于老员工的三分之一的薪酬即可。

陈汉只好执行了这次裁员计划。但这件事情让他产生了极大的不安全感，也让他明白了这样一个道理：任何人都有可能被替代。

其实，不仅仅员工随时有可能被解雇，有时候连老板都有可能会被董事会的股东们踢出公司。众所周知，已故的乔布斯是著名的苹果公司的创始人。1985年，乔布斯被苹果公司董事会赶出苹果公司。直到1996年，才又回到苹果公司工作。

在国内也发生过一些类似的事。例如，国内某大型网站的创始人就在自己不知情的情况下，被董事会踢出了公司。在创立了这家大型网站后，这位创始人一直担任着公司的总裁、CEO和董事会董事等职务。为了网站的发展，他不断地引进新的资本，为网站这台烧钱机器提供柴火。但是有一天，他所在的网站突然宣布他因为"个人原因"而辞去了CEO、总裁、董事等职务。然而，他本人对此却毫不知情。这一切，都是董事会在操作。

但最终，作为公司创始人的他，还是被董事会的股东们踢出了局，他的CEO、总裁等职务马上就被别人取代了。后来，据业内人士分析，正是他为了给网站融资，稀释了自己的股份，才导致他在董事会的发言权不断减弱，最终被踢出了公司。这个案例告诉我们，没有人不可替代，即使是公司的创始人！

我们正身处市场经济的大时代。市场经济的基本特征是：竞争。资本在竞争，文化在竞争，人才在竞争，人与机器也在竞争。市场经济能良性运转的一个前提是，有足够的人力资源储备。换言之，市场经济决定了这个市场的良性运转永远需要过剩的人力资源来降低市场风险。这很好理解，就如每台机器都应该有备用的零件，当一个零件坏了，备用的零件就可以替换上去，这样就可以令机器继续良好运转；也如每一辆汽车都要有备胎，当一个车胎坏了，备胎就可以换上去，这样就可以保证汽车继续正常行驶。

在市场经济时代，人除了与人竞争，也在与机器竞争。每一台可以替代人来工作的机器被发明出来并投入使用，就预示着机器在与人的竞争中获胜。以该项技术为生的人从此失业，必须掌握别的技能，否则就会饿死。

创造了"流水线生产"模式的"汽车大王"亨利·福特曾经这样感慨道："我要的是一双可以操作机器的手，怎么来了一个人呢？"对于车间一线的生产工人来说，即使拼命工作，他们对于老板来说，其价值也比不上一台高效率的机器！

18世纪的英国，先进的织布机器得到了广泛的使用，结果，大批工人被淘汰。工人们为了保住自己的工作，于是发起了砸毁机器的运动，史称"卢德运动"。然而，砸毁再多高效率的机器，也阻止不了机器淘汰工人的进程。

如今，高科技的飞速发展，也不断地淘汰掉那些不能与时俱进、迅速改变自己去适应时代变化的人。事实上，现在很多表面看起来还欣欣向荣的行业，其实里面的大多数从业者们在不久的将来都有着失业的可能。例如，虽然现如今真人电影在美国好莱坞还能赢得高票房，但是随着动画电影的崛起，演员们已经不得不担心，当有一天不拿工资的"动画演员"比真人更加适合演电影时，电影明星们都将面临失业的危机。

也许，你的工作能力非常出众：你能够用叉车叉起一杯水，且一滴水都不洒地开出半千米远；又或者你能够一个晚上就核算完公司一个月的账目……那么，假如有一天老板跟你说：明天你不用来上班了。这时，你怎么办？

在这个终身雇佣已然过去的时代，我们绝大多数人都很难在一家公司里待一辈子。我们能做的就是，在公司里上班的时候，努力把工作做到最好，同时也为了未来，不断做好现在应该做的准备。怎么样的准备会比较好呢？例如我们后面会详细讲到的"学会U盘化生存"，懂得把自己培养成一专多能的"航空母舰"型人物。这样，万一哪一天公司真的不要我们了，我们依然能信心满满、没有半点不安全感地离开。

关于当下这个时代的最佳生存方法，其实已故的美国"管理大师"彼得·德鲁克早已跟我们说过，他说，我们每个人都是管理者——自我的管理者。我们不是在给别的公司打工，而是在给名为"我"的公司打工。你为工作付出的努力，都可以转化为对自己的投资，也许有朝一日你真的可以管理一家自己的公司……换言之，只要你把自己当成是一家公司来经营和投资，你就能从容应对所有的不确定性。

# 连"机器"都随时会被淘汰，"零件"的出路在哪里

2018年年初，河北唐山市取消了部分城区的路桥收费项目。不收费了，就意味着收费站要被撤销。因为收费站撤销而失去工作的收费员们却感到非常不满和委屈。其中一位大姐表示："我今年36岁了，我的青春都交给收费站了，我现在啥也不会，也没人喜欢我们，我也学不了什么东西了。"

其实，随着人工智能的普及，路桥收费即使继续下去，收费站也一定会逐渐由人工收费转变为ETC（电子收费系统）自动收费。这对那些传统无技术含量的收费岗位来说，这种变化直接导致了收费员们的失业。一旦失业，"啥也不会"的他们马上就要面临失业危机。

如果把人工收费站比喻为一台"机器"，把收费员比喻为一个个"零件"，那么，现在"机器"被淘汰了，"零件"们该怎么办呢？在前面我们已经说过，对于所有上班族来说，终身雇佣的时代早已过去。在这个已经没有"铁饭碗"的时代，你以为很稳定的工作，事实上真的稳定吗？

刚才笔者把人工收费站看作是一台"机器"，其实，任何一家企业都可以看作是一台"机器"，而包括老板在内的每一个成员，都是这台"机器"里的一个"零件"。在这台"机器"里，每一个"零件"都有可能被替代，包括老板。这在上一

节我们已经讨论过。在这一节笔者要跟大家说的是，企业这台"机器"也不是永远存在的，其实也随时都可能被淘汰！

据财经媒体统计，中国的集团公司平均寿命只有7~8年，中小企业的平均寿命更短，只有2.9年。平均每一天都会有1.2万家中国企业倒闭，平均每一分钟会有近10家中国企业关张。

2017年，国内最热的创业"风口"当属"共享经济"。IT橘子（互联网信息研究机构）发布的季度报告显示，仅2017年第二季度共享经济领域的投资就达58起，融资额为481.63亿元，约占整体市场融资的30%。但风险最大、问题最多的，可能也是"共享经济"。

共享单车、共享汽车、共享充电宝、共享雨伞、共享睡眠舱……共享经济正在高速发展。然而，高速发展的同时，竞争也进入到了白热化阶段。根据各大媒体曝光的情况大致统计，2017年共有26家共享企业倒闭（加上停业的企业将近50家），其中，2016年成立、运营不足一年就倒闭的企业达到9家。进入2018年以后，已经有超过一半的共享企业倒闭。还存活的共享企业的日子也不大好过。一方面，小企业的市场份额正不断被同行的大型企业蚕食；另一方面，大型企业之间的市场竞争也日益激烈。所以，被收购甚至倒闭的共享企业还会不断出现。

任何行业的任何企业都有可能倒闭，哪怕你是行业的"老大"，占据着极大的市场份额。

2010年的时候，诺基亚手机是全世界卖得最好的手机之一；2013年，诺基亚手机却被微软收购了！2016年，微软对自己旗下的诺基亚手机业务彻底死心，并裁掉了数千名相关员工！

至今犹记，当诺基亚被微软收购的记者招待会上，诺基亚公司执行董事长、总裁约玛·奥利拉最后说的一句话："我们并没有做错什么，但不知为什么，我们输了。"说完，几十位诺基亚高管不禁落泪！那么，短短三年时间，手机市场究竟发生了什么，居然令自认为"没有做错什么"的手机市场的翘楚，会失败到被别人收购呢？

2010年的时候，诺基亚仍然占据着世界手机市场份额的三分之一，稳稳地坐在手机市场的"头把交椅"上。那一年，谷歌公司主导开发的安卓系统刚刚声名鹊起。不过，当时诺基亚的一些还不怎么起眼的对手们，如三星、HTC、索尼等手机厂商，都选择了和谷歌牵手。

诺基亚当然也看到了安卓系统的优点，所以也和谷歌展开过几轮谈判。谷歌当然很希望诺基亚能用自己的安卓系统，所以比诺基亚还要主动地想促成双方的合作，毕竟诺基亚手机当时拥有三分之一的市场份额啊！

然而，诺基亚也有自己的想法，那就是他们觉得，智能手机操作系统最好还是掌握在自己的手里，比如当初开发出塞班系统的公司就整个被诺基亚收购了。但是诺基亚无法收购谷歌，结果当时那位出身于微软的诺基亚CEO埃洛普做出了一个令诺基亚手机万劫不复的决定：和微软一起搞WP手机（Windows Phone）！

后来的结果如何全世界的人都看到了，诺基亚手机由市场老大迅速没落，直至彻底完蛋，被微软收购。但微软收购了诺基亚手机后，也没有把手机业务成功地做起来，而是以失败告终。因此，微软收购诺基亚手机的交易，后来被评为了高科技史上最失败交易的典型之一。

诺基亚似乎没有做错什么，他们只是什么都没有做，然而却被苹果和安卓远远超越。这就是市场竞争的残酷。假如时光可以倒流，如果当时的诺基亚手机及时使用安卓系统，虽然会减弱对操作系统的控制力度，但至少不会如此快地丢失在智能手机市场的份额。其实，诺基亚在中低端手机市场拥有着绝对的掌控优势。然而，诺基亚只是没有使用安卓系统，"什么也没做"，就输了，最终失去了自己巨大的市场。这可能就是互联网时代最大的风险与挑战吧。可见，如果不能迅速适应市场的变化，跟不上行业发展的步伐，就很可能会被时代所抛弃！

当今的企业，无论是已经经营了上百年的老店，还是经历过爆炸式增长的新店，都有可能在一夜之间遭遇生存危机，甚至倒闭！例如，连续30年位列"世界500强企业"的美国通用汽车曾在2009年申请破产保护，因为这家曾经长期是全球第一的汽车公司，自2005年开始就一直处于亏损状态；曾经在成立了两年便创造过销售奇迹、在很短时间内实现过爆炸式增长的凡客公司，却在某一天突然遭遇危机，很快，这家公司便从拥有数万名员工的公司，变成了只剩下数百名员工的公司，要为了生存而挣扎。

绝大多数人都希望自己拥有一份"铁饭碗"般的工作，然而，谁也不会给你一个"铁饭碗"，"铁饭碗"只能由自己给自己。著名曲艺演员冯巩曾说过："铁饭碗的真实含义不是在一个地方吃一辈子饭，而是一辈子到哪儿都有饭吃。"真正的铁饭碗从来不是体制内，不是某家公司里，而是你的真本事。本书后面的内容会告诉你，当你学会"U盘化生存"，让自己变成一艘"航空母舰"，就一辈子去到哪里都有饭吃，而且"吃香喝辣"！

切记，这个世界上除了自己，谁也靠不住。靠父母？他们总有老去的一天；靠朋友？他们总有帮不上忙的时候；靠体制？那不过是你安慰自己的借口。

企业靠不住，平台靠不住，老板靠不住。在倒闭潮、裁员潮迅猛的当今社会，没有人能预测下一秒会发生什么。联想、惠普、高通、亿滋、三星、HTC等世界级企业都正在采取紧缩用人的战略。至于各中小企业，每天倒闭的都不计其数，更何况裁员呢！而自从公务员有了聘任制，国企有了改革策略，就再也没有所谓的铁饭碗一说。现在的稳定，不代表永恒的不变。

靠谁都不如靠自己安稳。一定要让自己拥有别人拿不走的东西。趁着现在工作还稳定，多充实一下自己。把知识装进大脑，把能力、经验学到手，把人脉抓到手，把别人的东西变成自己的，这才是最靠谱的，才不会因为企业解散、你被辞退而遭遇灭顶之灾。而当你拥有了一技之长甚至一专多能，那么你走遍天下都不怕，去到哪里都抢手。这时的你，才是真正拥有了"铁饭碗"！

# 学会"U盘化生存"，在什么团队都能迅速脱颖而出

罗振宇是著名互联网知识脱口秀节目《逻辑思维》的主持人。有一次，他被邀请到某知名大学去给应届毕业生做演讲。

演讲过程中，他随机做了一个调查。他说："同学们，现在你们都大四了，谁找到工作了，能现场举一下手吗？"于是，现场有很多人举起了自己的一只手。

接着他又问大家："你们都各自去了什么样的企业？"同学们便七嘴八舌地回答了起来。有的说自己考上了公务员，有的说自己进入了"世界500强"企业，有的说自己要去银行上班了，有的说自己会当一名中学老师……

罗振宇听了一通下来后，对同学们说："你们这些找到了工作的，请不要看不起那些到现在还没找到工作的同学，因为十年二十年之后，你们说不定过得还不如现在这些还没有找到工作的人好呢。"

同学们都乐了，尤其是已经找到工作的人，都以为他在开玩笑。有人还问他，这算不算是给还没找到工作的同学一种心理安慰？

罗振宇意味深长地笑了笑，说："我真的不是在开玩笑，为什么呢？因为在当下这个时代，以一个独立手艺人的方式存活，往往比加入企业、组织要好得多。"然后，他便提出了一个名词，叫"U盘化生存"，并提出了一套U盘化生存方案给

大家。在《逻辑思维》里也有相关的内容，若你感兴趣也可以上网搜索来看一下。看完后绝对会令你受益无穷。

罗振宇向我们推崇的"U盘化生存"，是一种充满当代智慧的生存方式，并不是让我们拿着我们常见的那种16G、32G、64G之类的存储介质、存储工具去讨生活。"U盘化生存"是罗振宇向"80后"提供的一个解决"组织内80后发展困境"（其实也适用于"90后""00后"）的方案。这套方案，罗振宇用了16个字来总结："自带信息，不装系统，随时插拔，自由协作。"

看过热播电视连续剧《欢乐颂》的人，恐怕都能明白什么是"组织内80后发展困境"。看了《欢乐颂》后，很多人应该都很渴望拥有安迪的事业和生活。只可惜，安迪这样的青年才俊还是属于少数人，绝大多数"80后"其实都处于樊胜美这个阶层，甚至有些人还不如樊胜美。而通过看樊胜美在职场里的状态和遭遇，我们就能明白什么是"组织内的80后困境"。

在一二线城市的大企业里，这样的现状非常普遍：高管是"60后"，中层是"70后"，新人是"90后"，而人数众多的"80后"樊胜美们，已经工作八九年了，正在一片"职场红海"里为了争一个小主管的职位而相互"厮杀"，上面的位置已经被"70后"的人坐满，而"70后"的人想要坐到再上一层的位置，还要盼望着"60后"赶紧退休。

没有"60后""70后"的资本原始积累，没有"90后"的爸妈已将房车齐备无压力，"80后"的一代人，迫于还房贷、车贷以及养孩子的压力，大多数都不敢任性跳槽。"80后"樊胜美们有才华、有相貌、有能力、有经验，但职位不高甚至没有职位，收入不太高，提升空间有限，除了薪水并没有什么别的收入来源，没有父母的鼎力支持，但又想要靠一己之力在一二线城市买房立足，所以过得实在是无比艰辛。这就是"组织内80后发展困境"。

要解决"组织内80后发展困境"，不妨学会"U盘化生存"。换言之，就是"自带信息，不装系统，随时插拔，自由协作"。

怎么理解呢？也就是说，无论你遇到了什么样的新挑战或新环境，你都能从容应对，这其中包括：你的兼容性很强，可以随时跟外界发生联系；你的独立性很强，可以独当一面；你的个体特征很强，无论到哪都能很快找到自己位置等等。

这就好像是U盘一样，随时能插到下一台计算机上，随取随插，不用缓冲，就能立即投入新的工作当中的状态。也就是说，你既拥有很突出的个人能力，又能很快适应新的团队、组织，能与其他人迅速合作，产生1+1＝2甚至大于2的合力。换言之，当你学会了"U盘化生存"后，你在什么团队都能迅速脱颖而出。

以前有过这样一句名言，叫"我是社会主义的一块砖，哪里需要就往哪里搬"，这句话的本质，其实就是一种"U盘化生存"。

绝大多数人都希望拥有一份稳定的工作，拿到一只"铁饭碗"。然而，无论是当下还是未来，真正能给你一份稳定工作，让你捧上"铁饭碗"的，只有你自己。前面说过，真正的"铁饭碗"，就是你去到哪里都有饭吃，而且还能"吃香喝辣"。而当你习惯于"U盘化生存"，你才是真正拥有了"稳定的工作"。

世上唯一不变的就是变化。稳定的本质，是你拥有了化"变化"为"不变"的能力。在未来，没有稳定的企业、组织，没有稳定的工作，只有稳定的能力。未来只有一种稳定：你到哪里都有饭吃，而且还能"吃香喝辣"。当你成为一只"超级U盘"，习惯于"U盘化生存"，你就拥有了这种稳定。

做到"U盘化生存"，至少能给我们自己带来两大好处，一是建立我们的安全感，二是为我们从组织困境中成功突围提供了非常可行的方法。

"U盘化生存"帮助我们解决的主要是"依赖与独立"的问题。具体来说就是，要先学会依赖，然后学会独立，最后实现依赖和独立的并存。换言之，既可以依赖于某个企业或组织，又随时可以独立出来。无论是依赖还是独立，自己都有自主选择的权利。

君不见，如今，越来越多人主动离开了组织，如工人离开工厂去做了快递员或者去送外卖、美甲师离开了美甲店主动给客户上门美甲、编辑离开了媒体然后去做自媒体、艺人离开了经纪公司去做了网红、司机离开了出租车公司而去开了网约车、会计离开了会计师事务所、律师也离开律师事务所等等。

当你拥有了独立的能力，你就既可以选择依赖于某个组织，也可以自我独立。而越来越多的大企业也正在平台化，这也令更多的员工选择离开组织，变成独立的个体。所以，社会上的项目越来越短平快，自由职业者越来越多，支付报酬越来越跟结果挂钩。

"U盘化生存"还有一个核心内容，就是手艺人精神。也就是说，你需要具备一种相对独立的手艺，一种可以放在市场上衡量的价值输出。这种价值的检验标准是市场。也正是这种手艺人的精神，使得越来越多的自媒体或成功的小公司涌现。

当你拥有能满足某个细分市场的独特技能，且能够在这个行业做到顶尖，你就已经是一个优秀的手艺人。在《水浒传》里，梁山好汉们的结局，最好的就是神医安道全、玉臂匠金大坚、紫髯伯皇甫端、圣手书生萧让、铁叫子乐和、轰天雷凌振。这几个人最后大多被朝廷征用了，为什么呢？因为他们都是手艺人，都拥有一技之长，他们分别掌握的技能是看病、刻字、养马、写字、唱歌、制造火药，每一项都是那个朝代里极为实用的技能。

事实上，这些技能不但在古代很"吃香"，在当下的社会里也很受欢迎！可见，无论历史如何变迁，只要你是专业人士，只要你至少有一项本事是拿得出手的，你就总能有饭吃，而且还能"吃香喝辣"。

总之，在这个个体崛起的时代，请尽快学会"U盘化生存"吧，让自己拥有更多自主选择的权利，让自己的价值更大化，让自己的收获更多！

# 寻找"自慢"绝活：你至少要有一项非常出色的能力

大学毕业后的三年时间里，冯明已经换过了四份工作。然而，每一份工作他都做得很不开心，也做得很不好，所以，每次都以被公司解雇而告终。

从大学进入社会后，他的第一份工作，是做外贸跟单。在公司里上了没几天班，他就发现自己的大多数同事都是高中、中专毕业。大学本科毕业的他，不由自主地有了骄傲情绪，开始看不起这份工作了。再加上外贸跟单的工作内容也有些简单、枯燥，所以他做起来总是无精打采的。在这样的应付了事、得过且过的工作态度下，他当然干不出什么样的好业绩来。后来，老板实在受不了他对工作的不敬业，就辞退了他。

离开这家公司后，为了生计，他很快又找到了一份新工作。这次做的是销售工作。其实，他对销售工作既不感兴趣，又不懂推销技巧、方法，还不愿意学习，愿意做这份工作，完全是为了生存。结果可想而知，他的业绩很差，做了四个月还是全公司业绩垫底，甚至比倒数第二名都差了很多。老板只好让他离开了。

在这之后，他又找了两份工作，但都是他不感兴趣和不擅长的，虽然他也硬着头皮去干了，但就是做不好。所以，很快，他又相继被"炒了鱿鱼"。失业后的他，闷闷不乐地打电话向远在上海的他的大学时的好朋友唐辰诉苦。这时候的唐辰，在上海和别人合伙开了一家广告设计公司。

冯明对唐辰诉苦说："为什么我每份工作都总是做不好？我也想努力去做好这些工作，但为什么对这些工作都提不起兴趣？"

唐辰对冯明说："你为什么不找一份你感兴趣的工作呢？我记得你对画画很感兴趣啊。"

冯明说："在我们这个地方，想找一份画画的工作很难。我想去学校里教学生们画画，但我没有教师资格证；我想开一个画画兴趣班，但缺少本钱。所以，只好去找那些我不感兴趣但比较容易上岗的工作。"

唐辰说："要不然你来上海，跟着我一起做广告设计吧。我记得上大学时看过你画的那些画，还挺有创意，画得也很好。"

这提醒了冯明，他一拍大腿道："对啊！我怎么一直都没想过靠画画和美术设计来吃饭呢？"于是他答应了唐辰，马上奔赴了上海。

到上海见到唐辰，并把自己安顿好后，他便按照唐辰的要求，设计了几幅作品。唐辰也指出了作品的不足之处，但也看得出冯明在这方面还真是一个可造之才，于是便让他和自己一起做广告设计。

冯明确实对这一份工作非常感兴趣，而且也很有天赋，所以通过一段时间的熟悉和提升后，已经能独立设计出令广告客户满意的作品。随着他设计出来的平面广告作品越来越受客户们满意，他也成功征服了唐辰和唐辰的合伙人。如今，他专门为唐辰的公司提供作品。他有了自己的工作室，不需要朝九晚五地去上班，但收入却非常可观。

更重要的是，这是他最感兴趣又最擅长的工作，所以他每天都工作得很开心。他没有传统意义上的正式的"工作"，却又时时刻刻都在用心地"工作"。他的作品在广告界的名气越来越大，主动找他设计的人越来越多。他再也不担心会被解雇，他给自己打造了一个"铁饭碗"。

如果你不想被时代淘汰，想要适应这个竞争激烈的社会，就一定要及早了解自己的兴趣所在，找到自己的优势与特长，在热爱的领域中发挥自己的潜力。在上一节，我们谈到"U盘化生存"的其中一个核心，是手艺人精神。无论社会怎样变迁，只要你是专业人士，只要你至少有一项本事是拿得出手的，你就总能有饭吃，而且还能"吃香喝辣"。在当今这个个体崛起的时代，如果你能"U盘化生存"，至少拥有一项非常出色的能力，也就是传统所说的手艺，你就能让自己拥有更多自主选择的权利，让自己的价值更大化，收获更多。

经济发达的日本社会一直以来都很推崇手艺人精神，在日文里有一个词叫"自慢"，就是对此的高度概括。"自慢"，指的是一个人最拿手、最有把握、最专长的事。"自慢"，就是让自己拥有一项别人无可取代的专长。你不仅要会这个专长，还要把这个专长提升到最佳、最好，好到别人都比不上你，在关键的时候，你这个专长出手，问题就迎刃而解，所有人都对你佩服得五体投地。

懂得寻找、创造、培养自己的"自慢"绝活，是一个人成功的关键！怎样入手呢？从你最感兴趣的事情上开始。俗话说，兴趣是最好的老师，一个人只有在其兴趣范围内做事，才能充满热情，才会认真用心，也更容易获得成功。你必须发挥自己所有的潜力，做自己感兴趣、最有激情和最擅长的事情。这样你才会拥有"自慢"绝活，成为拥有非常出色能力的自己，最后成为最好的自己。

当你做自己很感兴趣、很喜欢做的事情时，你会带着极度的兴奋、长久的激情和巨大的热忱沉醉于其中。为此事你甚至可以茶饭不思，睡觉都梦见它，因为你心甘情愿地对它投入大量的精力和时间，所以你很容易获得成功，而且能从中体会到快乐和满足。相反，如果做一件没有兴趣的事情，你会感到时间很难打发，你不愿意为了它去学习和努力，即使靠着资质和经验你能做好它，但它也不一定会激发出你的潜能，所以，你在这样的事情上也不太可能取得多大的成功。

"股神"沃伦·巴菲特小时候内向而敏感。还是孩子时的他，无论是读书还是在生活中，表现得都与普通的孩子没什么两样。在有些方面，他甚至连普通孩子都不如。小时候的巴菲特，常常因为行动笨拙、思维缓慢，而被人们嘲笑。但后来，在成长过程中，巴菲特却将这一弱点转化为了自己最大的优点——耐心。同时，他还发现自己对数字非常敏感，并对其充满了兴趣。

成年以后，他做过无数种工作，例如销售、法律顾问、管理一家小厂等。直到27岁时，他终于找到了自己可以终身从事的职业——投资家。他发现，这份职业能够充分发挥自己的耐心、对数字敏感的优点。最重要的是，他对此特别感兴趣。所以，这最终成为他的"自慢"绝活，并取得了惊人的成就。

这启示我们，一定要找到自己的"自慢"绝活，让自己拥有一项非常出色的能力。当你总能做你最擅长的事情时，你就更容易取得成就。从现在起，找到自己最擅长的来发展吧，尽量把兴趣和能力结合起来。切记，如果无视自己最擅长做的事情，无异于抛弃了自己最重要的优势。

# 进化为"航空母舰"，走到哪里都自带一支"队伍"

在当今这个多变的社会里，只拥有一项专业能力的人，很可能会在某一天被社会淘汰。前面我们谈论到每个人都应该有自己的"自慢"绝活，这是非常重要的。但其实，拥有一项"自慢"绝活，还不足以让你一辈子都高枕无忧，除非你拥有的"自慢"绝活，一直都有市场需求。然而，市场需求其实是不断变化的。自从有了汽车，人力黄包车便被淘汰了；自从有了电灯，煤油灯便被淘汰了。

如果一名职员想在职场中获得更好的发展，就要以作为专业人才的专业知识为基础，提高自己的项目运营能力、沟通能力、协调能力、取得预算的能力、与其他部门和领导交涉的能力等，在周边领域不断积累自己的经验。从而让自己努力成为"一专多能"甚至"几专多能"的"多料人才""全才"。只有这样，才能无论在什么情况下都临危不惧，遇到什么样的困难与问题都能顺利解决。就是要跳槽，"一专多能"甚至"几专多能"的人才，也会成为人才市场上最为抢手的人才，因为无论是大企业还是中小企业，无论是百年老店还是初创型企业，都需要这样的人才。

高亮如今已是公司里颇受器重的"明星员工"，但三年前，他还只是一个普通的专业人才。在过去这三年里，他通过让自己由一个专业人才转变为了"全才"，结果受到了企业的重用。高亮任职于一家大型传媒集团。从进入这家企业后，高亮先后在出版和培训部工作，在两年半的时间里，从策划、编辑、制作、校对到业务拓展、研讨会推进、报告人助理、研讨会策划、教材的策划制作、新型研讨会的策划与开发，这些繁杂无比的工作高亮全都做过。

通过做这些工作，高亮也获得了方方面面的锻炼。例如，在出版部门，他锻炼了自己的策划能力，在培训部门则通过与企业家们的沟通，学到了管理知识、培养了自己的说服能力和谈判能力。正是锻炼了这些能力，所以后来他被分配到销售部门后，才能很快胜任手上的工作。

事实上，当高亮被调到销售部门后，他才发现自己最擅长的原来是销售！正因为如此，所以当他被调动到销售部门仅仅半年，就拿下了六十多家以前的同事们说服了很久都没能说服的客户，做出了令人惊艳的业绩。

很快，高亮便被提拔为销售部经理。因为之前曾很好地锻炼过管理能力、沟通能力，所以他轻轻松松地就把销售部管理得非常好，大家的"战斗力"都非常强，为企业屡创佳绩。如今，他已经是集团新成立的一个事业部的总经理了。

高亮是一位典型的多方面的能力都很突出的人才，可以说是一位职场里"几专多能"的"多料人才""全才"。对于这类人才，最近我们起了一个新名词，叫"航空母舰"型人才。众所周知，航空母舰具备很多项顶级功能。例如，航空母舰拥有这有六大功能：一、争取战区制空权，为舰队和上陆的海军陆战队提供可靠的空中保障；二、争取战区制海权，消灭敌方海上有生力量，保护己方海运及兵力投送；三、舰载机攻势反潜作战，在大洋及接近敌方的海域消灭或阻挠敌核弹道导弹潜艇发射核导弹，拦阻敌方核动力攻击潜艇进入己方重要海上通道。四、攻击摧毁岸边重要目标。五、投送兵力，支援己方两栖作战。六、在和平时期，在冲突地区显示己方武力，发挥威慑作用。

用来形容"一专多能"甚至"几专多能"的"航空母舰"型人才，也像航空母舰似的，拥有着很多项顶级功能、能力，每一项都极为出色，能独当一面，仿佛带着一支由各种人才、专家、高手组成的队伍一样，无论遇到什么样的困难、问题，都会有相应的"人才"站出来，迅速化解困难，解决问题。

"航空母舰"型人才的核心特点是，当自己的某一项本事不顶用的时候，还拥有另一项让自己变成"抢手人才"的本事，自己身上会同时具备几项很顶级的能力，不但是"一专多能"，更是"几专多能"！这样的人才，在什么时代都会是成功人物。

1985年，刘德华、郭富城、黎明、张学友被媒体并称为香港乐坛的"四大天王"，从此以后，这四位著名艺人便一直在华语娱乐圈当红。到今天已经过了30多年，这四位艺人依然活跃在华语娱乐圈。为什么他们能红那么久呢？因为他们每一个人都是"多料人才"或者说是"全才"，是"航空母舰"型的顶级人才。

在歌唱事业上，虽然这四个人之间比较而言，张学友是最出色的，并被时人尊为"歌神"，但是其他三位在歌唱能力和事业上也极具影响力。也许他们比张学友在歌唱方面稍差了一些，每个人却也都有无数首红极一时、被世人一直传唱的经典金曲。虽然华语歌手如天上的繁星那么多，但张学友一定是最耀眼的几颗之一，其他三位虽然没有张学友那么耀眼，但耀眼程度也比绝大多数歌手强得多。仅仅是在歌唱上的成就，他们四人就都已堪称卓越。

在演艺事业上，"四大天王"跟那些影坛巨星比也毫不逊色。他们都主演过很多很受大众喜欢的电影，演绎过很多经典角色，并且都获奖无数。在华语电影圈影响力最大的几个大奖里，香港金像奖和台湾金马奖就是其中的两个。一个华语演员，如果能得到其中一个的最佳男主角奖，也就是俗称的"影帝"，说明他已经是最优秀的男演员之一了。刘德华已经拿过三次香港金像奖最佳男主角奖，两次台湾金马奖最佳男主角奖；郭富城连续两次夺得台湾金马奖最佳男主角奖；黎明曾拿过一次台湾金马奖最佳男主角奖；张学友拿过一次香港金像奖最佳男配角奖。至于最佳男主角提名，四人都分别无数次被提名。

在舞蹈上，"四大天王"里的郭富城被称为"热舞天王"，曾是跳舞事业上顶级的艺人。其实，其他三位的舞蹈也跳得很好。他们每个人在演唱会上，都总会有一些劲歌伴着热舞奉献给观众，其水平都是一流的。

正是因为在娱乐圈里最容易产生巨大影响力的几个领域，他们都是顶级的那几个人之一，所以，他们才会成为"天王巨星"级的人物，红遍华语世界，一红就红了三十年。他们都是"多料人才"的典范。他们可以靠唱歌来让自己登上事业的巅峰，让自己红透半天。当歌唱事业在走下坡路时，他们还能凭借拍电影来让自己继续走红，甚至攀登上另一个事业的巅峰。

这启示我们，一定要主动去锻炼自己的"全才能力"，让自己成为"航空母舰"型人才，让自己去到哪里都仿佛是自带了一支队伍，队伍里的"每一个人"都非常出色，能独当一面。在未来的企业、组织里，拥有"无人能替代"的能力、知识、信息、技能、技术，已成为对职场中人的新要求。

无论是当下还是未来，只拥有一项专业能力的人，未来很可能会陷入危机之中。如果你不但"一专多能"，还"几专多能"，例如，你不但技术能力出色，演讲水平很高，谈判能力一流，还有很高的管理能力，那么你去到哪里都一定是很抢手的人才，什么时代都能"吃香喝辣"。所以，一定要尽早让自己成为拥有"一专多能"甚至"几专多能"的"航空母舰"型顶级人才。

# 不断进步、永不封顶的人任何时候都不会被淘汰

在社会里，在职场中，你是否遇见过这样的人，当他们从学校里进入职场后，拥有了一份看似安稳的工作后，就以为自己可以过上高枕无忧的生活了，于是逐渐变得不思进取，甚至按部就班地等待着升迁、等待着退休。其实，这是一种很危险的做法，尤其是你正处于必须奋斗的年龄时，如果你选择了安逸的生活，那么未来当你发现工作抛弃了你、生活过得很艰难的时候，你想奋斗都已然有心无力，想与别人竞争也没有那个能力。

同时进入某大型企业的范明和劳马，都毕业于某名牌大学。但在学校里时，范明的学习成绩要比劳马好得多。然而，进入了这家企业后，范明的竞争意识表现较差，学习力一般。原来，当他成功地进入到这家企业工作后，心里感觉很满足，所以生性懒惰的他逐渐变得安于现状，从来不主动去学习和提升自己。结果，几年后他在大学里所学的知识已经折旧了一半以上。他又不让自己主动吸收新知识，学习新技能，所以工作起来越来越吃力，被上司批评的次数越来越多。

反观劳马，虽然在学校时学习成绩不如范明，但进入企业后，有着强烈危机感的他，展现出了强大的学习力，不但很努力地工作，同时还不断学习，让自己不断进步。企业安排的各种培训，他从来都不会错过；围绕自己的职业生涯规划，他又

主动去学习了很多未来用得上的知识和技能。能力的不断提升，让他工作越来越顺手，越来越出色，越来越受到企业的重用。

又过了一段时间，范明被企业淘汰掉了，劳马则受到了企业的重用，成为部门经理，拥有着美好的前程。这启示我们，你只能保证自己今天是人才，却无法保证明天的你依然是一个人才。你今天能受到单位的重用，未来却有可能被淘汰。如果不想被淘汰，就必须时刻确保自己比别人优秀，而要做到这一点，就必须不断学习，不断给自己充电，让自己不断进步。

有很多人以为，离开了学校，就不用再学习了。有些人甚至为了逃避学习，提前离开了学校。结果，进入社会以后才发现，社会要求你不但要主动学习，还要不断学习，不断进步，否则，可能连一份像样的工作都找不到！

佟童在上学时对学习很不感兴趣，迟到与旷课都如家常便饭般频繁。后来，上到高中二年级的她甚至还辍了学，未满18岁便匆忙进入了社会。刚开始时，她以为终于摆脱了学校的束缚，进入到了丰富多彩的社会，自己获得了自由。没想到她很快就发现，自己不但感觉不到自由，甚至还寸步难行！原来，现实是残酷的，她根本就没有能在社会上立足的资本。例如，她想找一份工作，然而，她各方面的素质都达不到用人单位的要求，所以，连一份工作都找不到。最终，她不得不返回学校重新学习。而这次的学习则是她主动要求的。

进入社会后，另一种学习才刚刚开始。上学时，学习是目的，是为了考试能得高分。工作后，学习是手段，是为了让我们获得更多东西，比如金钱、地位、快乐、人生价值等等。

在这个社会里，你不主动去学习，不让自己去进步，没有人会强迫你，甚至几乎没有人提醒你。然而，如果你的个人竞争力越来越弱，比你强的人就会替代你；当你因为适应不了职场或社会的新变化时，你很可能会被淘汰出局；你越安于现状，不思进取，就越容易变得无能；越无能，就越容易给予竞争对手打败你的好机会。有一个社会法则很多人都知道：适者生存，不适者被淘汰。如果你不再学习、成长，不能主动适应这个竞争激烈的社会，未来必被这个社会抛弃。

在社会中，我们常常能见到这样一些人，他们刚做一件事业时，会很用心很努力，不怕苦不怕累。当事业有了起色后，他们信心更强了，干得更起劲了。然而，当事业略有小成后，他们便变得小富即安，不思进取，认为自己可以开始享受了。

在职场里，我们时不时能看到这样一些人，他们进入一家企业后，刚开始工作时表现得很积极、很主动、很爱学习。但当他们成为中层干部甚至"资深员工"后，却觉得自己的发展已经到了顶，再也难以突破了，于是对自己的将来感到迷茫，变得没有动力，对工作失去了激情与热忱。

有人把这种小富即安、对自己的现状很满意、没有新的欲望、不再去学习与成长、不再向前迈进的工作与生活状态，称为"封顶"。

一个人如果对自己进行了"封顶"，就会失去学习与工作的激情、动力。然而，对于绝大多数人来说，在一生当中，经常都会陷入"封顶"的误区。为什么会这样呢？因为人是很容易懈怠的动物，在达成了一定的目标、取得了一定的成绩后，就容易变得不想去主动改变，要知道，改变是要承担风险的。所以，人在这种时候会很容易停下脚步来。

在实现了一个目标后，如果你不能根据情况的变化，制定出更高的目标，就很容易失去激情与动力，从而无法激励自己继续向前走，结果就让自己陷入"封顶"的状态。但其实，"封顶"只是我们的主观感觉。真正知识渊博的人往往会觉得自己懂得太少，真正胸怀大志、有远大使命的人往往会觉得自己做得还不够好。

逆水行舟，不进则退。当一个人骄傲自满后，就已经"封顶"了。这种自满的感觉让这个人再也装不下更多的东西，从而停止了学习，失去了前进的动力，即使世界正在改变，机会就在眼前，他也视而不见，不再进步。然后，他就开始走下坡路了。

要避免自己在未来遭遇生存、发展的危机，我们很有必要让自己成为"永不封顶"、不断进步的人。具体怎么做呢？不断学习，不断进步，让自己总能轻松适应未来的种种变化和意外的发生，能够有足够的能力去解决未来遇到的各种难题。

学习什么好呢？若想靠学习来增加为事业打拼的资本，就必须将学习与自身的职业生涯规划紧密地联系地起来，达到学以致用。学习的内容一定要选择能使自己的价值得到提升的方面，能弥补自己不足之处的方面。要通过学习明白自己真正学到了什么东西，什么东西能使"自我增值"达到最大化。

总之，在你的职业发展过程中，当你处于一种迷茫、徘徊、很难取得进步的状态时，或者当你没有安全感与归属感、甚至害怕有一天会被炒掉时，就是你迫切需要学习、进步的时候。当你有了这种紧迫感，并且开始主动努力学习与进步时，你必定比大多数人都更能适应现在和未来。所以，不断进步、永不封顶的人，任何时候都不会被淘汰，反而是企业、组织很倚重的骨干。你越早成为这样的人，越早便会受到企业、组织的青睐与重用。

## 第二章

## 选对"风口"：
越快适应时代变化，越早享受社
会红利

## 找不准自己的定位，再多的努力也是白费

　　何琳长得不是很漂亮，但歌唱得很好。所以，有一位朋友把她介绍进了一家旗下有很多歌星的唱片公司。这位朋友希望何琳在这家公司的帮助下，能够在将来成为一名歌星。在通过一番试唱和考试后，她成功进入了这家唱片公司，更重要的是，当时大家都认为，她在歌唱事业这条路上走下去，一定会大有作为。

　　然而五年过去了，何琳依然没有创出什么名堂来，当初介绍她进这家唱片公司的朋友很不解，亲自打电话给该公司的一位音乐总监："为什么何琳到现在还没有在音乐这条路上做出一点点成就？正常来说，她现在应该有一些代表作了。我听说和她同期进入公司的好几位歌手，现在都已经出了自己的专辑，有一位甚至已经有了一首街知巷闻的单曲！"

　　音乐总监回答道："我原来对何琳也抱有非常大的希望，所以从她进入公司后开始，就一直悉心栽培她，无论什么样的优质资源都先考虑她。但令我很意外的是，她根本就没有把心思放在唱歌上，而是把大部分的时间与精力都放在了穿着打扮和抛头露面上。"

　　何琳的朋友又问："你有没有好好地提醒她，给她建议？"音乐总监说："我以及好几位公司领导都曾苦口婆心地劝过她，应该把主要精力放到唱歌上，努力

提升自己的歌唱水平，多花时间在练歌上。但她都听不进去，反而坚持认为自己
是偶像派加实力派，实力已经足够，现在要做的就是努力把偶像气质和影响力做
出来。"

何琳的朋友听到这里，叹息了一声。总监也跟着叹息了一声，然后继续说道：
"我们很多次都跟她讲，她的最大长处是唱歌，但她自己则认为，自己不但唱歌很
棒，长得也很漂亮。她前两年还一度向公司请了半年多的假，去参加各种电视选美
节目，结果每次都落选。所以几年过去了，她偶像派没做成，歌唱事业也被耽误
了。反而和她同期进来的那几个人，虽然刚开始都不如她，但在专业老师的指导
下，后来唱歌水平有了很大的提升，都已经超过了何琳。有一位更是成为歌坛新
秀！她现在不但没有亡羊补牢，从头开始，反而开始混日子了，我怎么说她都不
听。唉，好好的一颗苗子，就这样毁了，真可惜啊！"

这个案例启示了我们，一个人如果找不准自己的定位，很可能会误了自己的前
程，毁了自己的天赋。如果不能在自己的优势、天赋上下功夫，付出再多的努力恐
怕都会白费。常言道，人贵有自知之明。能够了解自己，知道自己的天赋、优势、
长处在哪里，最擅长什么，这是最可贵的。

如果你天生一副好嗓门，却不努力在歌唱事业上好好发展，便是浪费了自己的
天赋；如果你很会编写程序，却偏偏让自己去做理发师，就是浪费了自己的优势；
如果你很善于与陌生人打交道，很容易说服别人，却不去做销售、管理之类的工
作，偏偏要把自己放在实验室里让自己研究自己很不喜欢的化学，你就是在为难自
己，拿自己的人生开玩笑。事实上，任何取得过巨大成就的人，都能深刻了解自
己，找准自己的定位，并充分地发挥自己的优势，最终通过不懈的努力，登上事业
的巅峰。

台湾著名作家琼瑶擅长写催人泪下的爱情故事，她创作出来的六十多部爱情小
说，每一部都让亿万读者手不释卷。同时，这些小说每一部都拍成过凄美的电影或
者电视剧，赚尽了无数观众的爱与泪。琼瑶可以说是非常成功的小说家了。其实，
琼瑶并没有高学历，没有上过大学，只有一张高中毕业文凭。为什么她没有上大学

呢？因为她除了语文成绩很好之外，别的科目成绩都非常差，她自己学起来都非常吃力。但她最值得世人学习的一件事就是，她从高中时就给自己进行了准确的定位，知道自己以后的人生该走什么样的路，那就是文学之路。或者说，自己以后要靠写作来养活自己，以及建立自己的事业。她给自己这样的定位，是因为她当时就很清楚自己的特长是写作。结果证明，准确的定位，再加上自己不断的努力，使她成为华语文坛举足轻重的人物。

很多人离开学校进入社会后，总觉得自己可以做很多职业，什么工作只要自己努力就能做得非常出色。然而，事实并非如此，你一定要找准自己的定位，才能让自己的努力获得最大的回报。在选择职业方向时，你要首先冷静分析自己的天赋、优势，以及缺陷、劣势怎么学都掌握不了的技能。其次，你要看看哪些工作是你感兴趣的，在从事的时候给你带来的快乐会远多于痛苦。第三，你要清楚地知道自己人生的终极目标、长期目标、中期目标、短期目标都是什么，你对自己的期待以及家人对你的期待都是什么，你未来究竟想过什么样的生活；第四，要了解自己的世界观、人生观、价值观都是什么；第五，对自己的性格了解得非常清楚。

着重说一下性格。俗话说，"性格决定命运"。只有自己的性格与你所从事的职业相匹配、相适应，你工作起来才能得心应手、心情舒畅，也才更容易成功。所谓性格，其实是一个人的惯性行为方式的集合，一旦形成，很难改变。所以，我们一定要尽可能寻找适合自己做、自己擅长做的工作，这样才能充分发挥自己的性格优势，避免或减少个性因素对事业的影响。如果你性格沉稳内向，适合做一些文职类的工作，如编辑、统计、会计、编程等；如果你性格活泼外向，适合做一些开拓性的工作，如推销员、经纪人、股票分析师、编导等。

为什么世界上有那么多平庸的人？因为很多人都正在从事与自己的性格格格不入的工作。虽然他们工作时兢兢业业、任劳任怨，遇到困难时不畏艰险、百折不挠，但还是无法摆脱平庸，因为他们背离了自己的天性，所以被拒于成功的大门之外。

总之，当你能够针对上述五个方面，对自己进行深入的调查、分析与总结，你就一定能够尽可能充分地了解自己，为自己进行准确的职业定位。有了准确的职业定位，我们才能选择适合自己发展的行业。

当你能够准确定位，然后围绕定位去努力地积累并善于利用自己的资源，理性地抵抗外界的干扰，不轻言放弃，就会在事业上获得可持续的发展，不断取得或大或小的成功。当然，给自己定位是动态的事情，当自我与环境发生重大变化时，就需要重新定位。有时候，走一些弯路、多花一些时间也无妨，因为认清形势、理性地思考出路才是最重要的。

# 选对"风口"：站在风口上，猪都能飞起来

　　小米创始人、董事长兼CEO雷军曾说过这样一句天下皆知的话："只要站在风口，猪都能飞起来。"他为什么会说出这样一句话呢？在他40岁那年，他在一个小圈子的聚会里，仿佛突然发现了生命的密语。对此，他这样写道："我领悟到，人是不能推着石头往山上走的，这样会很累，而且会被山上随时滚落的石头给打下去。要做的是，先爬到山顶，随便踢块石头下去。"

　　后来，他还在微博上为这段话用了这样一句话作为总结："只要站在风口，猪都能飞起来。"第一次说类似于"只要站在风口，猪都能飞起来"这样意思的话的人并不是雷军，因为这句话其实是改编自他以前听到过的某位老板说过的一句话。

　　在40岁以前的很长一段时间里，雷军其实都过着"推石头上山"的生活，尤其是在金山公司上班的岁月里。"金山的同事们非常勤勉努力，而且聚集了一群最聪明的工程师。但这家创立了16年的高科技公司，却花了整整8年时间才完成上市。面对微软软件和盗版软件的双重夹击，金山软件一直竭尽全力去开发与推广，却总是成就有限。后来，靠游戏业务才得以上市。"雷军如是说。

　　当雷军和金山公司的员工们像"推石头上山"那么辛苦地让金山公司终于上了市，结果却发现，公司的市值远远地落在了其他互联网公司的后面。后来他才

明白，那些把自己甩在后面的公司，做的是"先爬到山顶，随便踢块石头下去"的事。

后来，雷军体会到创业能否成功，首先要靠命。可命是什么呢？雷军认为："所谓命，就是在合适的时间做合适的事。创业者需要花大量时间去思考，如何找到能够让猪飞起来的台风口，只要在台风口，稍微长一个小的翅膀，就能飞得很高。"

"我只要一认命，一顺势，我就发现风生水起。原来不认命的时候老干逆天而为的事情，那叫'轴'。"雷军感慨道。

雷军是从什么时候开始"认命""顺势"，结果令自己"风生水起"的呢？从他2004年开始做天使投资人的时候。这一年开始，离开了金山公司的他，便开始满世界寻找可以投资的好项目。

雷军投资的第一个项目是孙陶然创办的拉卡拉公司。孙陶然和雷军从1996年就开始认识，是多年的好朋友，且对事物有大致一样的判断与见解。由于对孙陶然非常了解，所以当孙陶然决定创业后，雷军就说了，如果我是投资人，孙陶然"无论做什么我都投"。果然，当他成为投资人后，第一个投资的就是孙陶然的项目。其实，不仅仅是对孙陶然，但凡雷军看准的人，他都会"无论做什么我都投"。比如，他给陈年的凡客诚品做投资，给俞永福的优视科技做投资，理由跟投资孙陶然的是一样的。

从2004年开始，雷军在投资上一直奉行这样的三大原则：不熟不投、只投对的人、投资后帮忙不添乱。到2015年为止，除了小米外，雷军一共投资了27家企业。众所周知的是，小米如今已经是中国非常成功的企业了。

事实上，雷军投资的其他企业也不断地给他带来巨大的回报。例如，他投资的优视科技和欢聚时代这两家公司，当初总共投进去的钱是1000万元人民币，后来给他带来的回报是大约100亿元人民币！这其实已经证明了雷军选对"风口"所得到的巨大成功了。何况，他还有全球著名的小米公司。雷军在投资上都选哪些"风口"呢？我们会发现，他投资的企业是沿着移动互联网、电子商务和社交三条线整齐分布的。雷军自称"无一失手"。

做了几年投资后，雷军不甘于只做一个投资人，所以决定再出来创业，于是便有了小米公司。这是雷军的第二次创业。当时他曾说，什么是现在的"风口"呢？"现在，移动电子商务和互联网消费电子就是这个台风口。"在刚刚成立小米公司的时候，雷军就已经确信自己找对了风口，是在顺势而为："小米并不是做手机，而是尝试用互联网的方式去做消费电子，这其中的机会大得惊人。"几年后的事实证明，他是对的。

雷军用自己的成功之路诠释了什么是"站在风口上，猪也能飞起来"。他的成功之路也启示我们，努力很重要，但选择比努力更重要！如果顺势而为，就能风生水起；如果逆势而行，就会像"推石头上山"般辛苦，而且还远远没有那些顺势而为的人收获得多。

过去十多年，在中国一二线城市买了几套房子的人，几乎不需要任何努力，也不需要深入研究，更不需要复杂的金融理论知识，就可以获得巨大的收益。这就是选择大于努力的一个最典型的案例。

如果你在阿里巴巴、腾讯、百度之类的公司刚开始发展时就在里面工作，并且一直在里面没有离开，那么当这些公司上市时，你马上就实现财务自由。可见，只要选择对了站在风口的公司，你也能跟着一起成功。

假如没有站在"台风口"上，不选择顺势而为，会有什么样的后果呢？百度的市值曾经比阿里和腾讯都高，在移动互联网时代却成了后两家公司市值的零头，原因是百度错估了移动互联网对整个流量入口的颠覆性重塑。中国移动和中国联通竞争了那么多年，最终却都败给了微信。因为微信的出现，让人们变得几乎不再用手机发送短信，甚至很少去打电话了。

自从外卖行业横空出世后，各种可口的美食只需要半个小时左右就能送到你的手上。结果，方便面行业受到了巨大的冲击，销量大幅度下降。让康师傅产生危机感的不是统一，让统一产生恐惧感的不是康师傅，令方便面巨头们日子越来越不好过的，居然是来自行业以外的公司，如美团、饿了么这些新兴公司，是散布在城市里的大大小小的外卖美食小作坊。

诺基亚的没落，不是因为摩托罗拉、爱立信也不是因为黑莓，而是因为触摸屏手机的全面普及。诺基亚没有站在正确的趋势上，所以就"死"了。同样"死法"的还有柯达胶卷。柯达的破产，也不是因为其他胶卷生产商的竞争，而是人们使用智能手机后，再也不需要用胶卷来进行摄影了。

世界的发展与时代的进步从来都不会怜悯任何人，无论你是一家企业，还是一个人，如果你不思进取，必定会被淘汰出局。

"站在风口上，猪都能飞起来"顺势而为，就能"时势造英雄"。当然，你一定要学会如何辨别"风口"在哪里，然后迅速行动，勇敢地站在"风口"上。这样，你才有可能被风吹起来，成为时代的英雄和成功人物。

## 顺势而为：越快适应时代变化，越早享受社会红利

在当今这个剧变的时代，如果你选择当一个旁观者，你肯定什么都得不到；如果你逆势而行，再多的努力也会白费，损失会比当一个旁观者还大；只有当你选择顺势而为，你才能事半功倍，受到时代的青睐。

无数事实证明，越能主动参与到时代的发展当中去，越能快速地适应时代的变化，就会越早享受到时代给予的社会红利，收获到巨大的回报！

美国著名社交网站Facebook（脸谱）的创始人扎克伯格，被誉为是世界互联网领域里继微软创始人比尔·盖茨之后最耀眼的天才。扎克伯格和比尔·盖茨都考上了哈佛大学，后者还是前者的偶像，而且，二人均是大学期间中途退学去创业，并取得了巨大的成功。因为他们都抓住了这个时代最大的发展趋势和机会，并且都有能力去抓住，所以宁可退学去主动参与进去，也不愿意等到大学毕业后再去创业。因为他们都明白一个道理：时间和机会都是不等人的。

和比尔·盖茨一样，扎克伯格也是一个电脑高手，虽然他在哈佛主修的是心理学。电脑技术高超的他，曾成功地入侵过哈佛大学的数据库，将很多学生的照片资料放到了自己的网站上。这让他在哈佛校园里名声大震，也让他的网站在极短的时间内受到了很多人的关注。

世界互联网行业在2000年以后开始大洗牌，首先是行业里的泡沫开始迅速破灭，这导致诸多名震一时的互联网公司纷纷破产，或者寻求收购。在那段时间里，互联网界哀鸿遍野，早期进入者纷纷谋求退路。然而此时的扎克伯格却比很多同行都要更快地适应了时代的变化，更坚定地经营自己的网站。

2004年，扎克伯格在互联网行业的春天来临之前正式推出了自己的社交网站Facebook，过了没多久，互联网行业的春天重新回来了！于是，扎克伯格得到了一笔1200万美元的投资，这帮助他的网站更加迅速地成长起来。很快，他的Facebook便发展成为美国第二大社交网站，注册人数超过100万。在这一段时间里，扎克伯格顺势而为，抓住了世界互联网行业的第二浪潮，让自己一举成功，跻身到了亿万富翁的行列。

在市场经济社会里，潮起潮落是正常的事。如果你在潮落之时不能坚定自己的信心，不能看清行业发展的趋势，不知道行业的最大机会和未来的最大盈利点在哪里，你很难成为行业里享受到最大的社会红利的人之一。只有当你比别人都更快地适应时代和行业的变化，你才能在潮起之时，看到行业里的最大机会，然后迅速抓住，顺势而为，最终助自己收获到行业里最大的社会红利。

重庆力帆集团创始人尹明善47岁才开始创业，进入的是图书出版行业。到50岁时，他才在图书出版行业里挣到了一点钱，大约是20万元人民币。然而，经过三年的考察之后，当他认准了中国机动车行业即将迎来第一个历史发展期时，他马上把自己的全部身家——过去这几年辛辛苦苦赚来的20万元全部投入了进去，成立了轰动车辆配件研究所，也就是后来的重庆力帆实业有限公司的前身。从这一年开始，他毅然离开了图书出版行业，转行进入到摩托车行业。

很快，随着社会主义市场经济的深入发展，中国民工潮的出现与中国民营经济的飞速成长，令尹明善的事业搭上了政策和市场两股东风。短短九年之后，以20万元起家的力帆集团，实现了销售收入38.5亿元，进入到了世界摩托车制造公司的500强行列。

当力帆集团的摩托车市场不断盈利的时候，尹明善又根据城市消费者购买力不断提高、整体收入水平不断增长的发展趋势，在2005年进军汽车制造行业。到2007年时，尹明善的个人财富已经增长到了15亿元人民币，是1992年他刚开始进入摩托车行业时的7500倍。后来，当力帆集团在上交所上市，成为A股首家民营上市车企后，尹明善更是身家接近百亿。

尹明善喜欢用猫来形容自己的性格："我会（像猫一样）时时保持蹲伏的姿态，等一阵风吹开这扇门时，一跃而出，我就是这样一只伺机而动的猫。"伺机而动，顺势而为，这样的人往往能抓到行业里最大的机会。

无论在哪个商业时代，无论在哪个行业，那些收获到最大社会红利的人，往往是最先发现时代最大变化和行业最大机会的人。为什么他们能率先发现呢？因为他们总是主动参与进去，用比别人更快的速度去适应变化。当你置身于发展大潮之中，跟随潮流向前发展的趋势时，你将更容易到达时代的前沿，成为时代的领先者。

一个人成功的机会有很多，最轻松的成功方法，莫过于借助时代发展的趋势。如果你周围已经有人成为时代的弄潮儿，取得了让你羡慕的成就，你也不必灰心，只要你看准了时代的变化与发展的趋势，同样能找到属于你自己的独特的成功之道。

"二战"结束后，联合国成立。成立后，联合国的成员们决定把总部设在美国的纽约。然而，当他们准备在纽约找一个地方修建总部大厦时才发现，由于经费有限，联合国组织居然在纽约买不到足够的地皮。

当美国著名的超级富豪、"石油大王"约翰·洛克菲勒得知了这一消息后，便决定参与进去，助联合国一臂之力。为什么他要这么做呢？因为他看准了当时的国际形势，清楚地知道联合国在美国外交和世界国际形势变化中的重要作用与显赫地位。很快，他便大大方方地免费赠送了联合国一块地皮，让联合国用来建一幢总部大厦。联合国成员们当然对此求之不得。

洛克菲勒自然不会做赔本的事。由于联合国在国际事务中的影响力越来越大，其总部所在地自然就很快成为全世界瞩目的中心。于是，联合国总部的地价迅速飙升。到了这个时候，大家才发现，原来这一切尽在洛克菲勒的掌握之中，他已经预先把联合国总部周围的所有地块都买下了，正等着地价的升值呢。当联合国总部的地价不断飞涨时，他的地块的价格也在翻着番地飙升！

机会无时不有，无处不在，只要你有发现的眼光。洛克菲勒就拥有发现机会的眼光和化机会为财富的能力，所以他成为超级富豪。而在当今时代，其实处处都有让你出人头地的成功机遇。只不过，这需要你主动去适应这个时代，能够做到顺势而为，选对"风口"。如果你不能跟紧时代的步伐，是很难取得成功的；如果你当一个旁观者，不愿意主动适应时代的变化，不参与到时代的发展当中去，很容易就会被时代所抛弃。

怎样才能掌握时代的变化，确定自己行动的方向呢？建议你经常关注时事动态，至少保留5家媒体作为你的信息来源，这样你才能跟得上时代的脚步，并从中听到成功的声音究竟在哪里。

当你看到了时代的转机，却没有足够的资本去利用它时，你也不必沮丧，只要你努力去寻找方法，肯定能把握住机会，化机会为你的财富与成功。其实，成功的方式方法多种多样，只要你始终能和时代一起变化、发展，顺势而为，就一定能享受到属于你的社会红利，拥有属于自己的成功。

# 今天的选择，决定你三年后的生活

人生的一个真相是，你有什么眼光，就会做出什么样的选择；你做出什么样的选择，就会获得什么样的结果，过上什么样的人生。你现在的生活，往往是你三年前选择的结果；要想三年后过得好一点，从现在开始，你就需要做出正确的选择。

曾看过这样一个故事。有一个古巴人、一个法国人和一个犹太人同时被关进了一所监狱里，都要在牢里服刑三年。在进入监狱的时候，监狱长允许他们每个人提一个合埋的要求。古巴人非常爱抽雪茄，便向监狱长要了三箱雪茄，这样未来的三年，自己都能时不时地抽到心爱的雪茄。热爱浪漫生活的法国人，向监狱长要了一位美丽的女子与自己相伴。而那位犹太人则向监狱长要了一台能与外界联系的电话。

时间过得很快，三年转眼而逝。这三个人已经到了出狱的时间。当监狱大门打开时，古巴人率先冲了出来，只见他嘴里和鼻孔上都塞满了雪茄，正在向接他出狱的朋友大喊道："给我打火机，给我打火机！"原来三年前，他忘记向监狱长要打火机、火柴之类的东西了。

第二个走出监狱大门的是那位法国人。只见他手里抱着一个孩子，身旁的美丽女子手里也牵着一个孩子，她肚子里还怀着一个孩子。

最后出来的是犹太人。走出大门时，他紧紧握住送他出来的监狱长的手说："谢谢你送了一台电话给我。这三年来，我用这台电话每天与外界联系，所以，我的生意不但没有停止，反而增长了300%，为了表示对你的感谢，我现在送你一辆奔驰轿车。"

由于选择的不同，身处同样环境的三个人，得到了完全不一样的结果。他们今天所得到的一切，都是由三年前他们的选择所决定的。可见，你有什么样的选择，决定了你今后拥有什么样的人生。你今天的现状是你几年前选择的结果，成功者选择了正确的方向，而失败者选择了错误的道路，成功与失败的区别也就在于此。

人生的策略布局和生涯规划，很像我们去大城市的车站或交通转运站乘车，当你离开某个转运站后，一个小时后你会到达什么地方，完全由你当下买什么路线、车次的票，然后坐上哪一班次的车来决定的。

有一天，老胡带着自己5岁的儿子去逛商场。在路过一处红绿灯时，儿子看到一位戴着棒球帽的中年男子正拿着一块广告牌，站在路口，当红灯亮起来、马路上的车都停下来等绿灯时，他就会把手上的牌子高高举起来。

于是，儿子就问老胡："爸爸，为什么都是大人，有的叔叔会站在马路上红绿灯那里晒太阳，有的叔叔会站在快餐店里卖快餐，有的叔叔会站在商场里的柜台前面吹着空调？"

老胡回答道："这些叔叔站在哪里都是一件很正常的事啊。因为每个人想站在哪里，会站在哪里，都是自己的选择。"

儿子很不理解："选择？那为什么红绿灯路口这里站着的叔叔，为什么不马上选择到快餐店上班，或者选择去商场的柜台前面吹空调呢？在里面总比在马路上待着舒服啊！室外那么的炎热。"

老胡叹了一口气，然后才对儿子说："孩子，我说的选择，不是他们现在的选择，而是他们半年前一年前甚至是三五年前的选择。他们现在想站在什么位置，或者不得不站在什么位置，都取决于他们在一段时间之前所做的决定、他们本身努力，以及时间的累积。换言之，他们必须站在什么位置而不能随心所欲地想站在哪里就站在哪里，完全是以前的选择所决定的。"

老胡的儿子听完之后，似懂非懂地点了点头。但老胡觉得，儿子这么小，对社会和人生了解得还太少，应该很难明白自己的这一番话。然而，在社会中、在职场里，有很多人对于这样的道理，也不怎么懂，所以他们整天抱怨着自己今天所站的位置，却很少去反思自己为什么会站在今天这个自己非常不满意的位置，没有好好地去想过，三五年前自己做错了哪些选择。

在我们周围时不时都会听到有人抱怨老天爷对自己很不公平，让自己工作不顺利，生活不开心，感情不如意等等。殊不知，你现在得到的一切，无论是好的还是坏的，无论是顺心的还是让自己不开心的，全都是你以前选择的结果。成功的人生，就是做正确的选择远多于错误的选择，失败的人生，就是做错误的选择远比正确的选择要多。

如果一个人在学生时代选择了讨厌学习，结果往往是不学无术，学历很低，进入社会以后，很可能只能混迹于社会的底层，过着非常辛苦、整天感觉到不公平、很难受的生活。而如果一个人在学生时代选择了努力学习，拼命也要考进一所名牌大学，那么这个人进入社会之后，过得就会比前者好得多，社会地位也会比前者高得多。

当机会来临时，你选择勇敢地去把握住，很可能你就赚到了第一桶金；如果你选择了犹犹豫豫，想再看一看，等一等，那么最后什么都等不到。当你遇到了一个心仪的对象，你选择了去告白，那么你很可能就脱单了，如果你胆怯地选择不开口，那么你很难和对方牵手。

无论你得到什么样的结果，是好的结果或者坏的结果，都源于你之前的选择。人生就是在做这样的一个个小小的选择，正确的选择越多，人生就越精彩，成就就越多。错误的选择越多，人生就越灰暗，不幸就越多。

著名主持人蔡康永说过："15岁觉得游泳难，放弃游泳，到18岁遇到一个你喜欢的人约你去游泳，你只好说'我不会耶'。18岁觉得英文难，放弃英文，28岁出现一个很棒但要会英文的工作，你只好说'我不会耶'。人生前期越嫌麻烦，越懒得学，后来就越可能错过让你动心的人和事，错过新风景。"

　　选择了不打伞，就要扛得住太阳的暴晒或者暴雨的浇淋；选择了不减肥就要接受自己穿不上好看的衣服的现实；选择了接受一段感情，就要同样接受感情带来的不自由；选择了不放弃那个不喜欢你的人，就需要接受单恋给你带来的苦涩与折磨；选择了安于现状与懒惰逸乐，就要接受三年之后的一事无成，生活艰难。所以，请学会选择，懂得放弃。最后，愿你永远都不会后悔现在的选择。

# 选出应该做的正确之事然后都做好，你就能成功

什么是"应该做的正确之事"呢？我们先看这个小故事。有一天晚上，克里在家里不停地走来走去，好像是在找什么东西。他妻子问他在干什么。克里有点着急地对她说："我的结婚戒指弄丢了！"妻子问他："你是在卧室里弄丢了的，是吗？"克里说："不是。""那是在客厅里吗？""不是。""是不是在厨房里弄丢的？""不是，都不是。"

妻子问他："那你记得是在哪里弄丢的吗？"克里指了指窗外，说："在外面的草坪上弄丢的。"妻子很生气地问克里："那你为什么在屋里找啊？为什么不到草坪上找呢？"克里说："因为屋里开着灯，而外面没有啊。"

在这个故事里，克里就没有做"应该做的正确之事"。他的"应该做的正确之事"是去草坪搜索自己丢失的戒指。俗话说："在旧地图里，发现不了新大陆。"在南极大陆，你永远也找不到北极熊。而无论对于企业、组织，还是个人来说，想要取得自己期望的成功，都必须懂得选择出那些应该做的正确之事，然后把它们都一一做好，这样，你才能收获到你真正想要的成功。

《企业家》杂志在有一期内容里曾介绍说，美国80%的企业破产，是因为没能正确地做事；而中国80%的企业破产，是因为没有做正确的事。没能正确地做

事，说明是在做应该做的正确之事，只是落实的方法和落实的能力出了问题。没有做正确的事，说明从一开始就走错了方向，做了不应该做的事，做了错误的事。所以，即使是正确地去做了，也肯定得不到自己想要的结果。借用刚才那个小故事里说的，美国企业失败的一个主要原因，是在草坪里一直都找不到戒指；中国企业失败的一个主要原因，是压根就没有去草坪找戒指。

为什么有些人创业能够成功，有些人创业却会失败呢？这两者之间的最大区别在哪里？是背景问题还是能力问题，是知识多寡的问题还是财力是否雄厚的问题？有成功杂志在深入调研、分析后发现，这些都不是主要原因，可能在很多方面，成功的创业者甚至不如失败的创业者，但至少有一方面，成功者做得远比失败者出色，那就是在选择做可以做好与应该做好的正确之事上。成功者往往更擅长选出那些应该做好的正确之事，然后迅速做好。由此可见：最终让一个人从失败或者平凡中一跃而起变为成功者的原因，是要学会选择并迅速做好那些应该做的正确之事。

好钢就要用在刀刃上。选择去做应该做的正确之事，并把它做好，你的成功率将高得惊人。坚持心无旁骛，不去旁生枝节，你的每一分投入都是在往成功的大厦上加一块砖，而不是拆一块板。如果你不能去做应该做的正确之事，反而是在做错误之事，那么你即使再努力，也解决不了问题，得不到任何的成功。

在某家动物园里，有一段时间，袋鼠总是每天都会跑出笼子，到外面去玩。这让管理员们觉得很头痛。管理员们认为，袋鼠之所以能逃到笼子外面，肯定是因为栅栏太低了，因为袋鼠都跳得很高。为了阻止袋鼠们偷跑出去，管理者们把笼子的高度由10米加高到了20米。

没想到第二天袋鼠又逃了出去。管理员们只好又把笼子的栅栏增高到30米。但是到了第三天，袋鼠又出现在了笼子外面，管理员们都快要疯掉了，索性一不做二不休，把笼子加高到了50米。

看着管理员们不停地加高栅栏，依然没能阻止袋鼠天天跑到笼子外面去。直到有一天，一位管理员才真正发现了问题的关键所在。原来，袋鼠在笼子不断加高之下还能往外跑，是因为他们总是忘记关笼子的门！为什么他们会忘记关门呢？因为每个管理员都以为别的管理员肯定已经把笼子的门关了，结果造成了门一直没有关。

如果你做的是不应该做的事，是错误之事，那么即使你再努力地去做，也得不到你想要的成功。但现实中总有一些自以为是的人，他们往往按照自己的看法去做事情，而不是选择去做应该做的正确之事，所以他们总是把自己的才华与时间浪费在了错误的和不应该做的事情上，却没能选择去做那些正确的和应该做的事情。因此，他们总是得不到成功女神的青睐。

佛教里有一个孽障叫作"我执"。有"我执"之障的人非常自负，很容易一意孤行。他们的自负就像蒙住他们眼睛的黑布，让他们看不到自己应该做的正确之事。而对于一些无关紧要但会彰显他们出色个人能力的事情，他们却会乐此不疲地投入大量的时间与精力。无数事实已经教育我们：你往正确的事情上投入的时间、精力越多，获得的成功就越大；你往错误的事情上投入的时间、精力越多，就越浪费资源，越害你自己一辈子。

但凡取得了巨大成就的人，往往在这一点上都有着非常深刻的理解。他们知道，除了应该做的正确之事外，其他的事情即使看起来回报再丰厚，也尽量不要去做。换言之，那些站在自己的立场上去看，不符合"正确"与"应该"这双重标准的事，就坚决不去做。

微软公司的竞争力为什么如此强大？因为这家公司只做软件。所有软件生产商不应该做的事情，比如金融投资、房地产开发、石油开发等，即使利润非常高，他们也不屑一顾。不应该做的事情，就是做对了也是错的。这就是为什么尽可能只做应该做的正确之事会让你成功的原因。

"股神"沃伦·巴菲特也一直坚持在做应该做的正确之事——价值投资。从第一笔投资开始，巴菲特就专注于寻找有发展实力但是股价被低估了的企业。他一直坚持这样做了数十年，所以一度能成为世界首富。

诚然，不进行价值投资也能在股市里获得巨大的财富。例如曾经利用"对冲基金"等短期套利的股票大鳄，如索罗斯之辈，就是这样能在股票市场上呼风唤雨的高手。但是，巴菲特从来只坚持做应该做的正确之事，对于索罗斯之流通过损伤别的公司甚至别的国家的经济健康的套利方式，即使很赚钱，他也绝不会去做的。因为他知道，那不是应该做的正确之事。

不应该做的事，做对了也是错。应该做的正确之事，一件一件选出来，然后都做好了，那么，你的成功就只是时间的问题而已。

# 以创造力征服变化，用创新为成功加速

创新是我们人类不断主动地适应环境变化的一种显著表现。相信大家都一定知道这样一条道理："世界上唯一不变的就是变化。"

活在这个世上，我们每个人每一天都要面对各种各样的变化，有些变化和我们息息相关，我们必须勇敢面对，甚至要克服。在这个变化不断增多的世界，我们以往很多的成功经验现在已经不管用了，所以必须要用创新来帮助我们克服变化，收获新的成功。

如果你稍微留意就会发现，很多曾经很流行的东西，过一段时间便会无人问津；很多让人满意的事物，过了一段时间后便被人遗忘。为什么会这样呢？因为我们正身处竞争激烈的社会，竞争对手们会想方设法推陈出新，而消费者们的需求也在不断地变化。

如果你总能发挥创新的威力，不断用创新性的东西去满足人们的需求，你就一定能立于不败之地，甚至在同行里处于领先地位，成为最大的赢家。

1960年，伊夫·洛列开始创业，他的主打产品是一项美容产品。产品刚刚上市时，他很卖力地去上门推销，也没有能卖出几件。然而，到了1985年的时候，他已经拥有了960家分店，他名下大大小小的企业更是分布在了世界很多国家。他的公司，也早已成为法国首屈一指的化妆品公司。

为什么伊夫·洛列会取得如此大的成就？在这二十多年的时间里，他究竟做了哪些努力？伊夫·洛列能取得这么大的成功，离不开优质的产品和良好的售后服务。但最重要的成功因素，是他的创造力。

话说1958年的某一天，在机缘巧合之下，伊夫·洛列从一位年迈的医生那里获得了一份治疗痔疮的药膏秘方。很快，他在这个秘方的基础上，又往里面添加了很多种植物精华，然后制造出来一种香脂。接着，他利用所有可能的时间，开始推销这款新产品。然而，他刚开始能想到的就是去上门推销。但这并不是一件简单的事，例如，他经常要忍受顾客的白眼。因为没有任何推销经验，所以他刚开始时卖出去的产品屈指可数。

为了能打开这款产品的销路，他真的是绞尽了脑汁，想尽了方法，但都收效甚微。有一天，他在看一本叫《这里是巴黎》的杂志时，突然灵机一动，心想我为什么不在这本杂志上刊登一条信息，让读者知道我有她们需要的东西呢？

想到了就马上去落实。于是，他从自己的积蓄中拿出了很大一笔钱作为广告费。他的很多朋友都认为他太冲动了，因为他们觉得这种产品不一定能受到消费者们的欢迎。如果登完广告后，他的产品还是卖不出去，那么他将面临破产的危机。正当朋友们都在为他担心时，他在杂志上刊登的广告已经和读者们见面了。很快，他的产品开始在巴黎热销。那些广告的投入和此时的赢利相比，简直不值一提。

其实在当时，很多化妆品行业的从业人员还在固执地认为，利用植物和花卉制造出来的美容产品作为一种新的事物，普通人肯定不会接受，根本不可能作为一个产业发展起来。因此，那些有钱人都不愿意在这方面进行投资。但洛列并不这样认为，他很看好自己新产品的销路以及未来的市场。到1960年时，他已经开始批量生产这种美容新产品了。

很快，洛列又进行了一项创新，一项在销售方式上的创新。原来，他创造了一种新的销售方式——邮购。在此之前，从来没有人这么做过。而结果表明，这一创新性的销售方式，帮助他的产品的销量在短时间内获得了剧增。

除此之外，洛列还严格要求自己的员工，一定要给顾客提供最好的服务，他让员工们明白，所有的女性顾客对他们来说都是女王，都应该享受到女王般的优质服务！洛列还与顾客们建立起了良好的联系，每当顾客生日时，他就会给该顾客及时送去一份生日祝福。这种做法也是一种前所未有的创新。

事实证明，这样做不但巩固了企业与顾客的关系，还为企业树立起了一个良好的形象。经过20多年的用心经营和不断创新，到20世纪80年代时，伊夫·洛列的公司已经拥有了400多种美容产品，其顾客也增加到了800多万人。

从伊夫·洛列的成功之路可以看出，他之所以能取得如此巨大的成就，很大程度上与他的创造力有关。富有创新精神的他，敢于打破常规，用植物和花卉作为原料来生产护肤品、化妆品，这不但降低了生产成本，还让使用化妆品不再是上流社会女子的专利。因此，他的产品便顺理成章地迅速成为消费者们热捧的对象。洛列不但在产品上进行创新，在销售方式上也进行了创新，从而让那些边远地区的女人们也能买到他那些质优价廉的化妆品、护肤品，因此，他的顾客队伍会变得越来越大。

伊夫·洛列的成功启示我们，如果你想取得事业上的巨大成功，充分发挥你的创造力，想方设法进行创新，一定能给予你巨大的帮助。在如今这个瞬息万变的社会里，我们想要获得成功，最有效的方法就是以创造力克服变化，用创新加速我们获得成功的脚步。创新为什么会如此重要呢？因为只有具备良好创造力的人，总能进行创新的人，才能在追求成功的道路上另辟蹊径，避开激烈的竞争，开辟出属于自己的一片全新的领地。

创造力是一个人想要取得事业成功所必不可缺的能力。著名成功学大师戴尔·卡耐基曾经指出，人类之所以高于其他动物，就是因为人类有创造性的思维方式。一个人要想有所成就，就必须有所创造。人也只有通过不断地创造，才能为自己带来成功和幸福。

总之，身处这个变化加剧的社会里，我们如果能够充分发挥自己的创造力，就一定能比别人更容易适应各种不确定性，轻松应对变化，甚至克服变化。而总能创新的你，会赢得比别人多得多的机会，若你还能选对"风口"，顺势而为，就必定能更容易地取得巨大的成功。

# 赢家不做看客，而会主动出击，迅速行动

想要享受到社会红利，就必须主动出击，迅速行动。任何看客，都很难收获社会红利。切记，赢家不做看客，碌碌无为的人才会心甘情愿去做旁观者。如今，越来越多的人明白，在竞争日益激烈的当代社会里，主动出击，迅速行动，才是获取成功最有效的方法。主动出击才能掌控局面，消极等待只能面对失败。

我们以销售领域为例。在竞争加剧的社会里，销售行业的竞争更是处于白热化状态。在销售领域里，无数销售人员整天东奔西跑，四处寻找客户，也不见得能做成几笔订单。然而，如果不去主动出击，你能获得的份额就会越来越少，要知道，天上是不会掉馅饼的，客户不是老天爷给某个特定的销售员准备的，任何一位客户，都是销售员努力争取来的。

人寿保险销售员张云入行比较晚。不过，事事用心的他，在进入公司后很快便发现了一个让他很不解的现象：大多数同事都把客户定位为一些企业的中层管理人员，却对那些大企业的老板、董事、总经理之类的高层领导、管理人士视而不见。

于是他向一位同事打听，为什么大家不向这些高层领导、管理人士推销人寿保险呢？这可是一批大客户啊，要是谈成了，就一定会给自己带来很大收益的啊！

这位同事是公司里的一位资深销售员，他听了张云的问题后，便解释道，因为

大家都觉得这批人那么有钱，肯定什么保险都已经投过了，所以不想去做无用功。

张云听了以后，点了点头，说："原来是这么回事啊！但是，我觉得说不定是咱们想错了，他们中的很多人说不定都还没有买过什么保险呢。我觉得可以去给他们推销试试看。"

同事见张云不信，只好呵呵一笑，然后对张云说："随你吧！"张云还是相信自己的想法，认为这是一块非常大的市场。于是，他决定马上付诸行动，去向这个群体推销自己公司的人寿保险。于是，在其他同事都朝着中间阶层的方向拥挤过去的时候，张云却单独去跑这些高层领导、管理人士的业务。

张云开始不断地主动出击，不断地去拜访各大企业的老板、董事、总经理等高层人士。刚开始时，张云什么收获都没有。但是，他毫不气馁，继续按自己的想法和计划去行动。过了一段时间后，情况终于出现了转机。当他成功地说服了好几家企业的董事长购买了他推荐的保单后，这些人觉得张云的为人挺不错，于是又把他介绍给了自己的朋友——也是企业的老板、总经理之类的高层人士。当这些人买了以后觉得不错，又介绍张云给了自己的另一批朋友。就这样，张云逐渐在这些高层人士中间卖出了很多保单，给自己赚到了很大的一笔收入。

当其他同事都认为大企业的老板、董事、总经理们都已经买过保险，所以不想去推销的时候，张云却没有放弃，而是主动出击，努力去争取，结果为自己开拓出了非常广阔的市场。其实，很多事情并不是张云的同事们想的那样。这些人士虽然有钱有地位，但并不是所有人都已买了保险。相反，这些人里有很多都还没有买过保险，尤其是人寿保险，正等着有保险销售人员前来向他们销售呢。然而，张云想到了这一点，并且主动出击，迅速行动。所以，他取得了很高的业绩。

在当今社会里，无论在哪个行业，成功永远都属于积极行动、主动出击的人。很多时候，水平再"差"的人，只要化被动为主动，积极地去争取，也能取得不凡的业绩；而能力再好的人，如果消极等待，总是拖延，也会一次又一次错失成功的机会，最终一无所获。

关力的当务之急是用一周时间写出一份详尽的市场调查报告书，并以此晋升为公司某地办事处的科长。然而，他总是在忙其他一些无关紧要的事情，对于应该马上要去完成的报告书，他却一拖再拖。结果最后，他终因无法交出一份让人满意的报告书，而与科长一职无缘。

哈佛大学的人才学家哈里克曾经说过："全球有93%的人都因拖延的坏习惯而一事无成，这是因为拖延能降低人的积极性，而成功的人他们做事决不拖延！"关力就属于一个典型的拖延症患者，他的拖拉最终也让自己与一次好机会擦肩而过。

要成功，你必须主动出击，迅速付诸行动。要知道，一万次心动都不如一次行动能更让你获得机会的青睐。

今年25岁的周森只身闯荡深圳。当他得知有一家企业的内刊正在公开招聘记者时，便带着自己的作品集，迅速赶了过去。

他到了招聘现场才发现，竞争空前激烈，只有一个岗位，应聘者居然超过了130人。在这些应聘者里，不乏学历、资历、年龄、口才等诸多方面都胜过自己的人。看到这些情况，周森都有点想放弃了。但最终他还是耐着性子留了下来，他觉得好不容易来一趟，即使没应聘成功，也可以长长见识。

由于他来得比较晚，所以被安排到最后进行面试。当他看到应聘者们一个接一个面色沉重地走出考场时，他感觉形势对自己好像越来越不利。他决定大胆拼一下，用独特的面试方式去打动面试官。当他听说主面试官正是公司的老板时，他更下定决心要出奇制胜。

这时候，周森旁边坐着的同样等候面试的几位应聘者正在闲聊。闲聊里有这么几句牢骚话引起了周森的注意："来的都是有经验的人，小小内刊还拿不下来？一个面试还要搞这么复杂，不知道负责面试的人是怎么想的？""肯定要当面出题让应聘者动笔。我才不怕这个呢，我作品集都带来了，肯定能证明我的实力。"

说者无心，听者有意。周森听到这里，心里一动，便马上去到楼下的打印室，以"求贤若渴"为题写下了一篇现场短新闻。当轮到他去在面试时，他立刻给面试官们递上了自己刚刚打印完的那篇短新闻稿。最后，出奇制胜的周森应聘成功，成为了"百里挑一"的幸运儿。

永远抢先一步，是成功者的一大法宝。对于很多失败者来说，他们最大的失败就是总用思想去代替行动。然而，在这个以速度制胜的时代里，你只有主动出击，立刻行动，才能提升你成功的概率。

那些总是甘于当旁观者的看客，那些不愿意当下主动出击、马上行动的人，那些总寄希望于将来的人，注定会一事无成，注定会被这残酷的社会所淘汰！

第三章
CHAPTER **3** >>>

---

**价值最大化：**
把你的"队伍"置于回报更高的
平台

---

# 把你的"队伍"置于回报更高的平台

对一个人的事业发展来说，平台到底有多重要呢？我们不妨先看一个假设。如果你很擅长写文章，然后你把文章写在了自己的日记本里，只有你自己能看到，那么，无论你文章写得有多好，对你的生活和事业都没有什么帮助。如果你把文章写到公司的公告栏里，你的同事和上司就能看到，那么他们就会了解到你原来还拥有这一特长。要是你的上司欣赏你的才华，你可能会因为这一技能而获得升迁的机会。

如果你把文章投稿到大众媒体，你的文章一旦被选中，你将会获得相应的稿费，甚至可能还会有媒体向你约稿。如果你把文章发表到互联网上，将会有更多的人看到你的文章，要是很多人喜欢你的文章，就很可能会有一些人转载你的文章，然后让更多的人读到，于是，身为作者的你便慢慢地积累起了一定的人气……

这就是平台的作用。当你做同样一件事情时，在不同的平台上，所起的作用和所收到的效果会有着显著的差异。一个人想要在某些方面取得较大的成功，首先要做的应该是，找到一个能够让自己的才华、天赋、优势等获得充分发挥的平台。

试想，如果你拥有聪明的头脑、过人的才能、擅长金融投资、拥有语言天赋、绘画水平很高、运动天赋满满……你无论在哪一个行业都能取得大成功。但如果将这样的你放到一个荒无人烟的岛屿上，你还有可能成为一个成功人士吗？显然不可能。缺少了平台的支持，你的才能、天赋、优势都无从发挥。

同理，如果你很擅长培育果树，最好的平台当然是在农村，或者在果园里，这样更容易发挥你的优势。有一段时期，出产自云南的"褚橙"非常有名。培育出这种非常好吃的橙子的人叫褚时健。这种橙子之所以叫"褚橙"，就是用他的姓来命名的。试想，如果把褚时健放在北京、上海或者深圳，他还能培育和种植出"褚橙"吗？显然是不能。因为除了云南那边的气候、土壤等自然条件外，其他地方都不适合，更何况大城市根本没有发展大规模农业生产的土地。所以，选择最适合自己的平台，至关重要。

把自己活成一支队伍，让自己的这支"队伍"拥有更大的发展，同样也要选择最适合自己发展的平台。当你把自己置身于最适合自己的平台时，无论你是追求财富还是其他方面的成功，回报都一定是最大的。

我们在强调平台的重要性时，有一个问题肯定很多人都面临过，那就是究竟选择在大城市打拼，还是回小城市发展呢。

仅从客观条件来看，大城市这个平台显然要比小城市"高大上"得多，但是，这并不意味着每一个想要谋求发展，追求大成功或者大财富的人，都应该义无反顾地在大城市里发展。因为无论在什么时候，适合自己的平台才是最重要的。我们不妨来看一看下面这个人的不同经历。

在上大学前，黄坚一直学习和生活在湖南的一个小县城，他的父母都在当地机关部门工作。还在黄坚求学时期，他父母就已经为他的人生做好了规划：大学毕业后，回到家乡当一名公务员，然后结婚生子，安稳地度过一生。

黄坚后来考上了上海的一所大学。当他站在上海这个繁华无比的国际大都市面前时，他猛然发现，中国竟然还有这样一个异彩纷呈的城市。很快，上海的繁华、包容、自由与多样化便深深地吸引了他，并逐渐改变了他原本对未来的规划。

大学毕业后，黄坚不顾父母的反对，毅然留在了上海，为了自己的梦想而打拼。在上海，他先是在一家外企上班。在这期间，他努力工作，不断升职加薪。五年后，在时机成熟时，他离开了这家外企，然后自己创业。后来，他还遇到了一位情投意合的上海女孩。

在大学毕业12年后，34岁的黄坚把自己的公司经营得非常好。这一年，他在上海郊区买下了一套别墅，把父母都接过来一起住。在同一年，他也和他深爱的女孩结了婚。在上海，他收获了自己的事业、爱情与自由。

欧克锦的选择和黄坚有些类似。欧克锦是从河南的一个小县城长大的，他的父母是个体户，家里经营着一家小超市。他考上的是北京的一所大学。大学毕业后，他和黄坚一样，也选择留在大城市打拼。只不过，他是在北京努力，黄坚是在上海发展。

每天早上，天还没亮，租住在北京通州的欧克锦就要匆匆出门，挤上如同沙丁鱼罐头般的八通线地铁，从通州赶往位于北京国贸的公司上班。每天支撑着他离开温暖被窝的，是他对成功的渴望。但其实，他可能也不清楚他自己想要的成功究竟是什么，也不知道自己应该怎样去获得自己渴望的成功。

在北京，欧克锦每天都又忙又累，生命里充斥着单调的工作与无尽的空虚、寂寞。很多时候，他不知道自己每天都在忙些什么，也不知道自己工作的意义究竟是什么，他只是听从着上司的吩咐，如同机器人一般，完成一个又一个上司下达的指令。

在毕业后五年时间里，他先后换了三份工作，却依旧不知道自己想要的究竟是什么。在北京，他举目无亲，甚至连一个能真正交心的朋友也没有。

又过了两年，欧克锦终于放弃了"北漂"的生活，回到了自己在河南的家乡。回到家乡后，他成功考进了当地一家待遇不错的事业单位。工作之余，他会帮着父母一块儿打理自家的小超市。两年后，他甚至还成功地开了一家分店。在32岁那年，他和单位里的一个女同事结了婚。今年已经35岁的他，有车有房，有妻有子，生活远比在北京打拼时要幸福得多。

一个人奋斗是为了拥有更好的生活，但一个人生活并不是为了奋斗。黄坚选择留在了大城市拼搏，最终收获了事业与幸福；欧克锦离开了大城市，回到了小地方，最终也收获了事业与幸福。可见，最适合自己的平台，才是最好的发展平台，才是给自己回报最高的平台。

每个人都有不同的性格特点以及知识技能储备，只有选择一个最适合自己发展的平台，才能更好地追求财富，迈向成功。例如，黄坚是一个目标明确、敢想敢做的人，在上海这样充满了机遇和挑战的地方，他能充分发挥自己的才能，创造自己的价值，获得更高的回报。

欧克锦却与黄坚不一样。欧克锦选择留在北京这座大城市，很可能只是出于一种从众心理。他没有清晰的目标与规划，甚至根本不知道自己留在大城市里究竟是为了什么。事实证明，真正适合他的是生活平稳、节奏缓慢的小城市。也只有在小城市，他才能真正找到自己的生活目标，发现自己的人生价值，收获到对他来说最高的回报。

在选择自己的发展平台时，一定要和自身的实际相结合。大城市有大城市的优势，小城市也有小城市的好处。在大城市，你会拥有更多的机会、更广阔的见识；而在小城市，熟悉的人脉就是你铁打的资本。哪一个平台更适合你去发展，除了要考虑你个人的能力、学识、性格特点，还必须考虑你所从事的行业。

假如你是一名IT工作者，那么很显然，只有大城市才能提供你茁壮生长的沃土；但如果你打算通过种植水果致富，当然要到农村发展，城市里可没有什么地方让你种植果树。所以，适合的才是最好的。如果把你自己看成是一支队伍，你更要根据自己这支"队伍"的实际情况，然后选择一个让自己这支"队伍"回报最高的平台。总之，无论是在大城市还是小城市，只要你能充分发挥你的才能、优势，利用好你手中的资源，有目标地去奋斗，你必然能获得最高的回报，赢得你最想要的成功。

# 学会在更短的时间里做更有价值的事

时间对每个人都是公平的，因为每个人每一天都拥有不多不少的24个小时。然而，拥有同样24小时的每一个人，为什么却会有不一样的命运呢？因为每个人对待时间的方式都不一样。很多人都不懂得如何高效地利用自己的时间，不会让自己的时间价值最大化，所以他们总是碌碌无为。

那些不断取得成功的人士，之所以能总是被命运青睐，就是因为他们越来越懂得把时间花在最有价值的事情上，并且在行动上也总是尽可能地把时间花在最有价值的事情上。所以，他们总能有所成就。

当你处于平庸或贫穷的境地时，当你抱怨世界很不公平时，当你对别人的成功或富有表示羡慕嫉妒恨时，你是否想过这样的问题：你花掉的时间，是否都用在了最有价值的事情上？你在工作的时候，是否分得清轻重缓急？当你有了这些问题的正确答案后，你就会知道自己为什么会活得如此的不如意了。

无论你想要获得巨大的财富，还是想在某方面取得伟大的成就，你都不仅仅要付出行动，更要尽可能地选择那些最有价值的事情去做，要学会在更短的时间里做更有价值的事情。这样，你就总是在做那些重要的事情，绝不会把时间浪费在无用功上。当你养成了这样的习惯后，你也一定会不断取得成就，收获财富。

在2006年以前，曾有过一个名为"I'm in Like with You"的网站。这是一个社交网站，用户们既可以在上面玩游戏，又可以在上面交流，还可以在上面发布聚会公告、八卦消息等。后来，一个叫查尔斯·福尔曼的美国人将这个网站转型为专业的游戏站点，将原来的网站名字换为了后来的"Omgpop"。同时，他还让自己的朋友丹·波特出任该网站的CEO。

这个网站所属的公司位于有"时尚之都"之称的纽约，公司的掌舵人福尔曼和波特都很年轻，朝气蓬勃。在改名为"Omgpop"后的6年时间里，公司一共融资了1700万美元，开发了35款游戏。然而，他们的运气似乎总是差了一点，他们这个游戏网站始终没能获得主流用户们的认可。与公司前期的投入相比，公司的营收简直是杯水车薪。当公司再也融不到新的资本时，公司便陷入了随时可能倒闭的境地之中。

公司员工一个又一个地离开了，后来甚至连福尔曼都离开了"Omgpop"去另谋发展！但波特却选择继续留在公司。他把不愿意离开的最后5名员工组织了起来，每天从早到晚进行游戏的研究。甚至，他走在街上、待在家中都在思索如何才能开发出一款让用户们喜欢的好游戏。终于有一天，通过他的儿子，他找到了开发的灵感，想出了绝妙的创意。然后，波特马上开发出了一款名为"你画我猜"的游戏。

这款游戏上线了3周以后，迅速跃升为50多个国家、免费应用、付费应用等应用分类的首位。如今，"你画我猜"这款游戏的下载量已经超过了1000万次，每天拥有600多万的活跃用户。凭借这款游戏的大获成功，"Omgpop"不但起死回生，还赚了大钱。

在谈到自己获得成功的原因时，波特感慨道："游戏行业就是这样，有时候即使你投入了大量的资金和时间，设计出了几百款普通的游戏，但对公司的经营可能也起不到什么帮助。但当我们能找准最应该做的那一款游戏并专心地去做好它时，我们的公司也就因为这一款游戏的成功而成功了。这启发了我，做多少款游戏不重要，做好一款特别让用户喜欢的游戏最重要。"

这个案例其实也启示了我们，如果我们想要收获到我们最想要的成功，获得我们最渴望的财富，就一定要学会把时间和精力都用在做最重要的事情上，这样才能产生最大的价值。换言之，一定要把我们的时间都用在刀刃上。

其实我们任何一个人时间都是有限的，我们无时无刻不在和时间赛跑，所以，我们只有把最大量的时间花在最有价值的事情上，才能确保自己梦想成真。如果不能做好取舍，不能更好地利用自己的时间，即使投入了大量的时间和金钱，其收效也是微乎其微的。

学会在更短的时间里做更有价值的事，最好的实践之一就是，用尽可能短的时间把机遇转化为自己的财富或者成功。机遇经过时，你若能迅速把握住，就可以借着机遇一飞冲天，取得大成就，或者收获大财富。

1921年的一天，以"经营奇才"著称的奥利莱一个人在波兰的某条大街上闲逛。突然，他想起要买一支钢笔，便走到了一家文具店，准备挑选一支。当他开始挑选钢笔时，却被其价格吓了一跳。原来，当时在英国只卖3美分的钢笔，在这里却卖到了26美分。

对市场非常敏感的他，马上就开始寻找这个问题的答案："同样的钢笔，价格为什么会相差得如此悬殊？"经过一番调查，他终于知道了事情的原委。原来，波兰这里卖的钢笔之所以这么贵，是因为这里并没有钢笔厂，所有的钢笔都需要进口，因此价格居高不下。

得到了这个信息后，他马上意识到赚钱的机遇就"站"在自己的眼前了。于是，他马上给自己做了一个决定：在波兰投资开办一家钢笔厂！

然后，他迅速开始了前期的规划。他先是筹备资金，并来到德国历史最悠久的钢笔名城，那里有许多的著名钢笔生产厂家，他们掌握着制作钢笔的技术。很快，奥利莱便聘请了一位拥有专业技术的专家作为公司的骨干，为公司注入了技术活力。

德国之行结束后，他又迅速赶到卢森堡，想尽各种方法将生产钢笔的设备陆续运送到了波兰。很快，生产钢笔所需要的原材料都运到了位于波兰某地工厂的生产车间，然后工厂正式运营。

　　奥利莱的钢笔厂成立后，当年利润就达到了100万美元。到了1926年，这家钢笔厂已经开始进行出口生意，足迹遍布世界各个角落。凭借这门生意，他也轻松赚到了数千万美元。这就是在尽可能短的时间里做最有价值的事情的巨大回报。

　　没有人能随随便便成功，超级富豪的财富并不是一夜之间从天而降的。奥利莱能收获巨大的财富，不仅源于他拥有一双发现机遇的眼睛，更源于他能在最短的时间里做最有价值的事。当他发现了机遇后，马上采取各种行动，想尽各种办法，然后把机遇转化为了自己的巨大财富和成功。如果不能在尽可能短的时间里把自己发现的机遇转化为切切实实的财富，他是有可能会失去这个机遇的。

　　有人说，命运给了机遇，时间给了结果。确实如此，即使给你再好的机遇，如果你不能好好利用，结果只能是浪费时间，浪费掉大好的机遇。而能抓住机遇的人，往往随时做好了准备，用最短的时间把机遇变为了成功和财富。

# 目标决定人生：要想走得远，先要看得远

从小时候起，我们就被教育，要树立远大的理想，因为我们的师长让我们知道，一个人的目标很大程度上决定了其人生的动力和终点。以最简单的跑步为例，如果一个人的目标是一千米，他到达后就不会再想继续，就算要继续，也会经过一段时间的休息后，再重新出发，因为他已经完成了预期目标。而把三千米作为目标的人，即使到了终点不再继续跑，也已经比以一千米为目标的人多完成了两千米。这就是目标不一样所造成的人与人之间的最终差距。

有这样两个小孩，一个叫卢克，长得高高瘦瘦的；一个叫保罗，长得又矮又胖。有一天，他俩携手走在乡间的铁轨上。卢克突发奇想地跟保罗说，咱们要不要比一比，看到底谁能走得更远。

原来，高高瘦瘦的卢克是这样想的："我长得比他高，步子显然迈得也会比他大，而且他又是个胖子，走不了多远，这场比赛我赢定了。"然而，矮矮胖胖的保罗也同样自信满满，一副成竹在胸的样子。

比赛开始后，瘦瘦高高的卢克果然很快就多走出了一大截。他认为矮矮胖胖的保罗马上就会认输。没想到的是，保罗一直就跟在他的身后，走得非常稳当。

两个小孩走了很久很久以后，卢克开始有些支撑不住了。但是他马上发现，保

罗仍然不紧不慢、稳稳当当地走着，没有丝毫要停下来的意思。

最后，卢克实在坚持不下去了，便向保罗认输了。他好奇地问保罗："你这么胖，怎么坚持得比我还要久呢？你有什么秘诀吗？"

保罗哈哈地大笑了一会儿，然后才回答道："没有什么秘诀，关键在于你走路的时候只看着自己的脚，所以容易疲累，而我会盯着远处的某个地方，给自己定下一个目标。达到这个目标后，我再找下一个目标。就这样，我越走越快，一直都不累。这大概就是我们俩之间的区别吧。"

其实，无论做什么事情，我们每个人的持久力都是有限的，就像是一根弦，绷得紧了，总会有松懈的时候。相信每个人都有过这样的体验，当完成一个耗时耗力的工作时，往往到后期，支撑着我们继续下去的，完全是意志力。而工作完成后的那一瞬间，也正是我们意志力最容易松懈的一瞬间。

因此，总是盯着自己双脚的人往往最容易疲惫，因为对他们来说，脚下就是目标，每踏出一步，都是在与"松懈"做斗争。而那些盯着远方的人却因为对目标的期待，从而有了不断前进的动力，常常忘记自己移动的双脚。

目标是自我激励的基础。没有目标，我们将不知道该往哪个方向走，该朝哪个方向努力，以至于让人生在无穷无尽的迷茫中荒废。拥有清晰的目标的人，就和参加赛跑的人知道终点在哪里一样，会比那些没有目标或者目标模糊的人，更容易取得成就，得到自己想要的成功。

对任何人的人生来说，拥有清晰的长远目标、中期目标、短期目标，人生的成就都必定会完全不一样。无数事实证明，目标决定人生，想要获得巨大成就，先要拥有远大目标，须知，想要走得远，先要看得远。

那些拥有清晰的远大目标的人，往往会觉得自己总是做得不够多，懂得不够多，以至于不能走向更高、更远的地方；而那些安于现状的人则总会对自己说："我做得已经够多了，这样已经很好了。"于是，前者不停地督促自己大步前进，后者则不是原地踏步就是极不情愿地小步向前挪动。如此一来，二者的差距自然越来越大。

汉克斯是一位建筑工人。这一天是周末，他和几位工友照例相约到酒馆里喝上几杯。喝完酒后，几个人从酒馆里出来。走到街口时，一辆引人注目的豪华轿车停在了汉克斯他们身边。这时，从车上下来了一个人与汉克斯打了个招呼，然后两个人便亲密地聊了起来。

汉克斯的工友们都知道这个人是谁，他叫格林，是当地最大的建筑公司的老板。等汉克斯和格林聊完天，格林坐上车离开后，工友们都好奇地问汉克斯："你居然认识格林先生，看起来还很熟的样子，这真让我们感到惊讶啊！"

"我和他已经认识十五年了。十五年前，格林和我一样是建筑工人！"汉克斯说。

"天啊，为什么你们现在有这么大的差别？"工友们问道。

"没什么可奇怪的。十五年前，我们都是建筑工人，不同的是，我为每周三十美元的薪水工作，他则为建筑事业工作，所以，他成了一个成功的建筑公司的老板，我还是一个为每周几十美元薪水工作的建筑工人。"汉克斯说。

十五年前都是建筑工人的汉克斯与格林，多年以后各自的命运居然会如此截然不同。究其根源，造成这种差距的原因，是他们人生目标的不同。虽然做的工作是一样的，但格林的目标是在建筑行业创立一番事业，成为一个成功的建筑商，跻身富人的行列。于是他的每一个行动都在为这个理想努力，他人生的方向也一直朝着这个目标前进。

反观汉克斯，他所在乎的是每周的薪水，因此，他的工作目标也只是拿到这每周的薪水，以便让自己有钱养家糊口，同时还能让自己有钱去酒馆喝一杯啤酒，获得短暂的享受。十年之后，他们其实都达到了自己的目标，只是，格林的目标要比汉克斯的高得多，所处的位置才会比汉克斯要高得多。

目标决定了人生，如果你不断地为达到该目标而努力，你看得有多远，你的人生就能够走得有多远。如果没有开阔的眼界，没有高远的目标，一个人即使再有才华、天赋、能力，也只能在自己狭小的世界里，怀才不遇，终不得志。又或者如那井底的青蛙，认为世界不过是只有井口那么大的天罢了。殊不知，外面的世界大得很。

看得远才能走得远，目标远大才有可能拥有巨大的成就，收获巨大的财富。所以坚持自己的远大理想，坚定自己的远大目标，然后朝着它不断努力。要知道，世界总会向那些努力追求远大目标的人让路。

# 做事有计划，就不会眉毛胡子一把抓

为什么有些人每天忙忙碌碌，投入了很多时间去做事，却一直一事无成呢？为什么有些人有着清晰的目标，每天也很努力，却总是感觉离达成目标的那一天非常遥远呢？这两个问题的答案，可以参考《如何掌控你的时间与生活》一书里说的这段话："一个人做事缺乏计划，就等于计划着失败。有些人每天早上预订好一天的工作，然后照此实行，他们就是工作的主人。而那些平时毫无计划，靠遇事现打主意过日子的人，只有'混乱'二字。"

无论你每天是多么的忙碌，都不妨抽出一些时间来，让自己静心思考一下这样两个问题：为了自己的目标，我究竟忙了些什么？为了更高效地达到我的目标，我应该怎样去做计划？

只有经常进行这样的思考，我们才能让自己不至于在忙忙碌碌之中迷失了自己，才能让自己忙得更加高效，更有好的成果。

有一位商人经营了十几年的企业。然而，这家企业被他经营得越来越差，最后甚至濒临破产。在准备宣布企业破产之前，这位商人带着沮丧的心情，找到了一位已经退休的曾经经商非常成功的前辈。一见到了那位前辈，商人便问对方道："我每天都辛辛苦苦、忙忙碌碌地经营着我的企业，我对每一位顾客都很真诚、热情，可是为什么我还是失败了？"

前辈好好地安慰了他一番，然后说道："一次失败并不能说明什么，你完全可以重新开始嘛。"

"让我重新开始？我那么努力还是失败了，重新开始还不是一样的结果吗？"商人不解地问道。

"不会的，只要你把自己之前经历过的情况都一一罗列下来，然后再列出一份经营计划，并迅速按计划落实，那么，对你来说重新开始并不是什么难事。你现在需要做的事情就是制定一份切实可行的工作计划，然后按照计划去执行好，这样就可以了。"前辈十分坚定地说。

商人听了前辈的话后，脸上表露出一阵阵的难过。他说道："实际上，早在十年前我就想制定一份工作计划了，但是一直拖着没有做。不过，这次我一定要按前辈您说的去做！"

结果接下来，听从了前辈建议并切实执行计划的这位商人，只花了一年的时间就让企业"活"了过来。又过了一年，企业开始扭亏为盈。现在，这家企业已经是业内首屈一指的大企业了。

这个案例告诉我们，在明确目标的基础上，将自己的工作计划详细清楚地写下来，然后落实到具体的执行中去，我们就能更好地进行自我管理，让工作更加条理化，从而更高效地做出业绩与成果，更好地达成一个又一个目标。

成功人士往往目标很清晰，方向很明确，计划很有条理，并且严格按照计划去执行。因为成功人士都知道，只有做事有计划，按照计划一一落实，才不会眉毛胡子一把抓，才会更高效地达成目标。

我们该如何落实具体的工作计划呢？简单来说，就是无论你要完成什么样的工作，达成什么样的目标，都应该首先把具体的步骤详细地写下来，然后根据事情的轻重缓急来安排先后顺序，最后逐条逐项，一步步地落实好。

美国第32任总统富兰克林·罗斯福被认为是美国历史上最伟大的总统之一。作为20世纪最受民众爱戴的美国总统，他也是美国历史上唯一一位连任4届的总统。值得我们学习的是，这位伟大的总统终身都是一位非常注重计划的人。

1921年，罗斯福因患上了小儿麻痹症而致残。从此，无论生活还是工作，他都有着诸多的不方便。然而，他把这些不方便都顽强地克服了。在1928年担任纽约州州长和1932年至1944年担任美国总统期间，他每天都要处理非常繁重的工作。那些繁重的工作，即使是一个身体健康的人都有可能吃不消，但罗斯福却出色地完成了。他是怎样完成的呢？秘诀很简单，其实就三个字：工作表。

为了能更加高效地完成工作，他从一开始便和他的团队一起制作了一份十分详细的工作表。在工作表上，时间安排甚至具体到每一分钟，以便能时刻将自己所要做的事情记录下来，然后规定自己在某段时间内一定要完成某件事。如此一来，他所要做的就是根据计划表去一一地落实好这些工作了。

例如，从这个表上我们可以看到，从上午9点和夫人在白宫草坪上散步开始，到晚上招待客人吃饭等结束，一整天他都是有事做的，所有的工作都在按照计划表里写着的那样，有条不紊地进行着。

详细计划自己的工作，是罗斯福做事高效的重要秘诀。每当有一份新的工作来临时，罗斯福都会先计划这项工作需要多少时间，然后再安排到他的工作表里面去。因为他将重要的事情提前安排在他自己的计划表里，所以他总能把许多事情都在预定的时间里完成。于是，他总能出色地完成很多人都完成不了的繁重的工作。

古语说得好："凡事预则立，不预则废。"也就是说，无论做什么事情，事先都要做好计划，如此才能帮助我们取得成功，不然就很容易招致失败。其中，"预"指的就是事先做好计划或者是准备工作。这些古代的智慧，同样适用于当今竞争激烈的社会。

做事有计划才更容易成功。毫无计划，很容易让自己眉毛胡子一把抓，像无头苍蝇一样横冲直撞，结果辛苦了半天，只是白白浪费了时间、精力和金钱，让自己遭受一次又一次失败。做事有条不紊，计划周全的人，因为做事总是很高效，总能迅速做出好的业绩与成果，所以更能获得机会的青睐。

总之，无论你从事什么工作，无论你多么忙碌，都应该抽出一些时间来，每天为自己制定一份计划，然后按事情的轻重缓急去分类，最后一一落实。这样，你就能更高效地完成你的工作任务，更好地达成你的目标。

# 做事善抓关键，就能事半功倍

狼在捕捉猎物时，会抓住时机，然后张嘴咬断猎物的咽喉，于是猎物就到手了；渔民在撒网捕渔时，只要抓住渔网上的大绳，网眼就张开了；人们在整理皮袄时，只要抓住衣服的领口一抖，皮毛就理顺了；在处理问题时，我们只要能够抓住问题的本质，关键就抓住了，做起事来就能够事半功倍了。

成功人士做事为什么会那么高效呢？因为他们都很善于做事抓关键，抓要害，抓本质，抓重点。正因为他们善于将更多的精力和时间投入到更多更有价值的重要的事情上，所以他们总能获得巨大的回报，赢得巨大的成功。

这启示我们，做事情一定要善于抓关键，才能切中问题的要害，达到事半功倍的效果。正所谓"牵牛要牵牛鼻子"，任何问题都有其本质特征，只要抓住了问题的本质，有针对性地进行解决，那么，再复杂的问题，解决起来也不会难。

曾看过这样一个寓言故事。有一天，一位女子从宠物店给自己买了一只鹦鹉。但第二天，她又把鹦鹉送回了宠物店。老板忙问她为什么。她对老板说，这只鹦鹉不会说话。老板问她，你有没有在鹦鹉的笼子里放一面镜子。女子说没有。老板便建议她，买一面镜子回去，因为鹦鹉喜欢照镜子，当看到自己在镜子里的样子时，就会开口说话。女子便买了一面镜子回家。

第三天，女子又把鹦鹉送回了宠物店。她向老板抱怨道，这只鹦鹉还是没有开口说话。老板给她支招说，买一条小梯子吧，鹦鹉喜欢小梯子，玩开心了就特别爱说话。女子于是买了一条小梯子，带着鹦鹉回家了。

没想到，第四天女子又带着鹦鹉来了。原来，鹦鹉还是没有开口说话。老板这一次给女子的建议是，让女子给鹦鹉买一个小秋千，就是那种可以让鸟儿站在上面荡的秋千。老板说，当鹦鹉荡起秋千时，就会滔滔不绝地说个没完。女子很不情愿地买了一个小秋千，然后回家了。

第五天，女子再次来到宠物店，然后跟老板说，鹦鹉死了。老板感到很震惊，连忙跟她道歉，然后问她，难道它从来没有说过一句话吗？

女子回答道，鹦鹉在临死前终于说了一句话。老板问，说了什么？女人回答道，它最后用有气无力的声音问我，那家宠物店难道不卖鸟食吗？

这个寓言故事告诉了我们这样一个道理：如果不懂得抓住主要矛盾、解决关键问题，我们的努力和时间都会白白浪费，最后没有任何回报可言。在故事里，如果老板和女顾客从一开始就抓住了问题的关键——记得给鹦鹉喂食，那么鹦鹉就能避免饿死的结局了，而老板和女顾客的时间、精力的投入也能收到最大的回报——老板获得出售鹦鹉换来的钱，女顾客获得养鹦鹉带来的快乐。可见，在处理问题时，如果能够抓住问题的本质，就等于抓住了问题的关键。否则，做再多的努力，也只是在做无用功。

做事抓住关键，才能事半功倍。例如，当你对一天的工作进行以重要性为标准的排序后，选择先着手去做重要且紧急的工作，就是抓住了时间管理的关键。你可以将自己更多的精力和时间放到更多的重要事情上，这样你就能得到巨大的回报。所以，做事要善于抓关键，才能切中问题的要害，迅速解决问题，让你事半功倍。

如何让自己拥有"做事善抓关键"的能力呢？这里有一些可供你参考的做法。例如，你可以为自己做一个计划，认真安排自己未来一段时间内的工作与生活。你不妨将这段时间定为两个月。如果你想知道什么事情对你来说最为关键，不妨思考一下这样一些问题：什么对你来说是最重要的？你的人生意义是什么？你希望自己成为什么样的人？你又能为之付出什么样的努力？你可以把答案记下来，作为未来个人的信念或使命。然后，你就知道自己应该从何处入手了。具体来说，怎样才能更容易找到关键，并抓住关键呢？可以从两个方面入手。

第一，对你要面对的问题有一个系统、正确的认识。

当你在面对众多的问题时，不要从一开始就习惯性地将其想得很复杂、难以解决，要对其有一个系统、正确的认识。切记，不正确的认识只会给你增加心理暗示，认为问题很难，从而会想方设法地从难处入手来寻求解决之道，结果忽略了最容易、最简单的解决方法。而且，不正确的想法还会打击你的自信，影响到问题的解决。所以，对问题有一个系统、正确的认识，既要想到它的复杂性，也要看到复杂性表面下的简单本质。这样，你才能更有效地抓到问题的关键，进而事半功倍地解决问题。

第二，学会剥茧抽丝，将复杂的问题简单化。

复杂和简单从来都是相对的，复杂的问题并不一定要用复杂的方法去解决；简单的问题其解决的方法不一定很简单。但将复杂的问题简单化，是更快解决问题的关键步骤。这种简单，是一种删繁就简、由繁入简的做事方式，它能帮助我们揭去问题复杂性的外衣，直刺问题的本质，从而让我们更高效地解决问题。

总之，牵牛要牵牛鼻子，解决问题要先找问题的本质。任何问题都有其本质特征，只要抓住了问题的本质，有针对性地进行解决，就抓住了关键，就能很容易地解决问题。当你练就了总是能够发现问题的关键的本领后，你就能够迅速成为行业一流的高手、专家。这时候，很多在别人那里都解决不了的问题，到了你这里往往能很容易解决。因为你比他们更容易看出问题的关键所在，从而能切中问题要害，从根本上迅速把问题解决掉。于是，会有无数机遇主动来找你，帮助你实现你的理想，达成你最想要达成的目标。

# 让自己能在最短时间里做出最有利的决定

俗话说，万事开头难。然而，无论再困难的事情，只要开头了，马上去做了，就有了解决的可能性。又有人说过，好的开始是成功的一半。其实，很多时候，只要开始去做了，就已经是成功了一小半。事实上，决定马上行动，所需要的不过是几分钟甚至更短的时候，但依然有很多人因为瞻前顾后，而不敢迈出第一步。结果，不敢做决定的他们，自然是一直都一事无成。

一个人无论做什么事情，如果由于自己的犹犹豫豫，结果失去了有利的时机，后来即使付出数倍的努力，也很可能于事无补。在关键时刻，我们一定要让自己能迅速做出最有利于自己的决定，这样，我们才能创造出我们渴望的成就。

想当年，凯撒大帝用了不到10年的时间，便征服了西欧800余座城市，降伏了300多个部落，扫平了整个高卢（即今天的法国）。这个战绩实在是太辉煌了，以至于罗马人既为自己的凯撒大帝欢呼，又替他担心。

担心是人之常情。因为那些被征服者肯定不甘于长久地被他人统治，只要实力增长到一定的程度，并且时机合适，就一定会起来反抗的。同时，凯撒的政敌们，虽然忌惮他的权势，但在私下里依然会想方设法搞破坏。例如，他们努力地去说服元老院的人，要借助他们的力量，去剥夺凯撒的指挥权。

后来，政敌们终于得逞，凯撒被逼到了墙角。这时候的他该何去何从呢？他是服从法律，交出指挥权，接受失败的命运，还是渡过卢比孔河，一去不回头呢？当时，卢比孔河是凯撒时代罗马北部的国境线，罗马法律规定，越过此河的将军和士兵将被视为国家公敌，一旦越过此河就不能回头。

凯撒只想了几分钟，就拿定主意，做出了决定。只见他转过身来，对身旁的幕僚们说："越过此河，将是悲惨的人间世界（要打罗马内战）；但若不越过，我们将毁灭（在征服高卢期间，他其实已多次"违法"，把元老院晾在一边）。"然后，他向看着自己的士兵们斩钉截铁地喊道："前进吧，到诸神等待的地方，到侮辱我们的敌人所在之处，孤注一掷！"士兵们一听，马上也以雄壮的应和声作为回答。

最后，罗马民众非常热情地欢迎了这位归来的英雄，他的政敌们则逃窜去了远方。正是这一在最短时间里做出的最有利于他的决定，令世界历史也随之改变。

要是不能在最短的时间内做出最有利于自己的决定，我们很可能在机遇来到自己面前时也抓不到手中。失去了机遇，我们将很难为自己成就一番事业。无数事实告诉我们，想获得大成功，最有力的方法，就是排除一切干扰，迅速做出最有利的决定。要知道，机不可失，失不再来。

无论什么时候，当问题出现时，善于抓住时机迎上前去，要远比犹犹豫豫、躲躲闪闪对自己更加有利。因为犹犹豫豫的结果，是错过了成就自己的机会。在人生的关键时刻，最愚蠢的做法就是犹豫不决，自我束缚，光想不做。

在很久很久以前，有一段时间里，居住在圣皮埃尔的人们发现了一连串的怪事：银器表面变黑了、动物烦躁不安甚至莫名其妙地死亡、牛在夜里叫唤、鸟儿飞离培雷火山的森林、野兽逃亡、蛇群迁居……今天的我们知道，这些都是火山即将喷发的警报，然而，与培雷火山和睦相处了儿辈子的当地人并没有把这些怪现象放在心上。

这一天，意大利商船奥萨利纳号正在码头装货准备前往法国。船长马里奥敏锐地察觉到，火山很可能要爆发了！于是，他立刻决定停止装货，告诉船员们一分钟也不要耽搁地马上驶离这里。货主们当然全力阻拦他这样做，并且威胁他说，现在只装了一半的货，如果他胆敢离开港口，就等着坐牢吧。然而，无论是威逼还是利诱，都不能说服马里奥船长改变自己的决定。他再次命令船员们马上开船。

货主们一再向马里奥保证，培雷火山不会爆发。但他态度异常坚决，他认为自己对培雷火山一无所知，但如果培雷火山像现在这个样子，他一定会迅速离开圣皮埃尔。所以，宁可承担违约的责任，他也要马上离开这里。然后，他还建议货主们赶紧通知这里的政府官员，让这里的所有居民都撤离到安全的地方。

只可惜，因为他的违约而愤怒的货主们根本听不进马里奥的建议。货主们向海关部门报告了这件事。然后海关官员和货主们决定去追击奥萨利纳号，逮捕马里奥船长。正在这个时候，圣皮埃尔的培雷火山爆发了！

火山里滚烫的熔岩不断迅速地喷射而出，所到之处，森林化为灰烬，岩石成为齑粉，房屋成了废墟，海水翻滚沸腾。顷刻间，火山下的圣皮埃尔小城变成了一片废墟，遭受到了空前的毁灭，而逃无可逃的居民们全都罹难。这个时候，奥萨利纳号却安全地航行在公海上，正在向法国前进。

马里奥船长能够在最短的时间里做出最有利的决定，不但救了自己一命，更救了一船人的命。在生死攸关的时候，能在最短时间里做出最有利决定的人，不但能解救自己，还能拯救别人。

在追求成功的路上，学会让自己在最短的时间里做出最有利的决定也非常重要。如果你是一位商人，一位老板或者一位管理者，这样的时刻，你会常常碰到。如果你大多数时候都很善于做最有利于自己的决定，那些不善于甚至不敢于做决定的人和你的距离就必定能越拉越大，到后来，他们拍马都赶不上你了。

很多人都知道，机会到来的时候，往往稍纵即逝，像闪电一样短促。所以，要想把握住机会，同样要学会让自己在最短的时间里做出最有利于自己的决定。当你能这样做后，你必定会更容易地让自己成功，梦想成真。

# 优化流程，收获更多价值

战国时期，齐国大将田忌有一次和齐威王赛马。双方分别用上等马对上等马、中等马对中等马、下等马对下等马，结果，由于齐威王三个等级的马都比田忌的马强，所以田忌三场比赛全都输了。

田忌的好朋友、著名谋略家孙膑得知了这件事后，就对田忌说可以找齐威王再比赛一次，他保证田忌能够取得胜利。于是，田忌上奏齐威王，请求再赛一次。

第二次比赛开始了，田忌依照孙膑的计策，先拿出了自己的下等马去与齐威王的上等马赛跑。由于实力相差太过悬殊，所以田忌的下等马毫无悬念地败了。但是接下来，赛况发生了逆转，田忌用上等马对齐威王的中等马，用中等马对齐威王的下等马，最终取得了两场胜利。于是，田忌以2：1获胜。

这个大家都很熟悉的故事启示我们，做事不但要懂得安排好次序，还要懂得优化流程。因为这是保证我们做事高效与获得高收益的一个重要的方法。

什么是流程呢？流程，是指为了实现一定的工作目标而采取的一系列的步骤与动作。例如，我们对手头的工作进行分类，将重要的、一般重要的、不重要的区分出来，然后安排合适的时间来分别完成它们。这样的做法就要比简单地按照日程表来做事情更高效，这就是对完成工作的流程进行优化后得到的更好的结果。

田忌与齐威王第一次赛马时采用的是常规赛法，由于实力差距问题，田忌最终输了。第二次比赛时，由于田忌在孙膑的指点下，改变了赛马的次序，最终以2：1获得了比赛的胜利。这个简单的次序的改变，就是优化流程。

这看起来似乎很简单，但在结果上带来的差异却是巨大的。这也告诉了我们：事物内部排列组合的不同，会引起量变，甚至导致质变。你在思考和处理问题时也不应该仅仅把眼光盯在人力物力绝对数量的增减上，还应该从多方面、多角度着眼进行精心协调，科学使用现有的人力物力，力求达到最佳的效果，给自己提供最大价值的回报。

每一位管理者都应该熟练掌握优化流程之道。无论你管理的团队是由几个人组成，还是由几万人组成，不同的人员搭配，不同的协作方式，不同工作内容的安排，对团队的总成绩都有着巨大的影响。善于用人、会优化流程的管理者，能够让团队的人员搭配达到1+1＞2的效果。那些不会用人、不懂优化之道的管理者，很容易让团队的力量变成1+1＜2甚至更差的效果。

这让人想起了拿破仑·波拿巴曾经描述过的骑术不精但有纪律的法国骑兵与当时最善于格斗但没有纪律的骑兵——马木留克兵之间的战斗。拿破仑认为，“两个马木留克兵绝对能打赢3个法国兵，100个法国兵与100个马木留克兵势均力敌，300个法国兵很可能会战胜300个马木留克兵，而1000个法国兵则总能打败1500个马木留克兵。”

拿破仑的话告诉了我们什么样的道理呢？他告诉世人，不同的人组合成的团队的战斗力会完全不一样。由单打独斗能力强的人组合起来的团队，不见得比由单打独斗能力不强但团队协作能力强的人组合起来的团队战斗力更强大。

任何一个管理者，要想让团队的战斗力更强，做出更大的价值和业绩，就一定要学会让团队成员之间的合作产生更大的力量，从而收获更好的业绩。其实，对于一个团队的管理者来说，搭建不同的组合，也是一个发现问题、解决问题的过程。很多时候，管理者只要能适时地分析判断工作流程，看看哪些环节需要简化、整合、扩展、调整，使信息、资源得到最有效的利用，使人力、物力得到最合理的使用，从而使时间和方法得到最大程度的落实，就能得到最大化的结果。

杰克·韦尔奇曾被誉为"全球第一CEO"。当年，他刚接任美国通用电气公司（GE）的CEO，便采取了一系列的管理改革，结果帮助企业迅速拥有了巨大的竞争力和发展力。在他的管理改革里，其中一项重要的举措就是，在GE里强制推行"6西格玛"质量管理体系。

"6西格玛"质量管理体系通过应用数理统计来协助衡量价值流的每一个过程与每一道工序，协助衡量每一个改善的过程与结果，"西格玛"是一种测量每100万次谨慎操作中所犯错误的计量单位。"西格玛"越多，错误的次数越少，质量越高。"1西格玛"的意思是产品合格率为68%；"3西格玛"表示99.7%的合格率；"6西格玛"是最高目标，表示99.999997%合格。一般达到"3~4西格玛"水平的企业质量成本将占到销售额的30~40%，而导入了"6西格玛"的公司，其质量成本则下降到了销售额的5%以内。

"6西格玛"战略把管理的重点放在了满足客户需要、杜绝产生缺陷的根本问题上，靠流程的优化减少了失误并降低故障率，提高了客户的满意度与市场占有率，从而降低了成本，增加了利润。

除此之外，杰克·韦尔奇还要求每个员工都要为各项工作勾画出"流程图"，清楚地揭示每一个细微的次序与关系。他认为，这样做不但可以使员工对整个工作了如指掌，还可以理清哪些工作环节是多余的，从而提高了工作效率，收获了更多的剩余价值。

这告诉我们，只要你好好分析一下你的工作过程，你就会发现，很多时候，影响我们取得更好的工作业绩的因素，并不完全是工作能力，不同的工作方法与工作组合也是影响工作效率的重要因素。工作方法不对，就会浪费时间；不同的组合则会使业绩变得更好或者更差，效率变得更高更低。

任何一项工作都有相对应的工作流程，即使最简单的工作也不例外。比如，关电脑，这是很常用也很简单的工作，它的大致流程是：先关掉打开的文档、页面，然后单击"开始"中的"关机"，等待电脑关闭，最后关掉电源。

　　每个人都是如此操作的，但是，如此简单的操作过程和顺序，如果你想优化一下，也是可以做到的。比如，从单击"关机"到电脑彻底关掉，这中间一般都会有一小段时间，在某些程序更新的时候时间会比较长一些。其实，你完全可以利用一下这个时间段，去整理你的办公桌，让明天迎接你的是一张干净整洁的办公桌。当然，你也可以做其他事情。总之，就是学会优化流程，尽可能充分地利用好每一分钟，这样就能够给你带来更多的剩余价值和额外收益。

第四章
CHAPTER 4 >>>

整合资源：

会借各种力的你胜过一支百万
雄师

# 你完全可以借别人的锅煮出你的饭菜

刚大学毕业的姚宇一直有一个创业梦想，但横在梦想之前最大的现实问题是——钱。年迈的父母辛苦了一辈子也没有攒下几个钱，姚宇知道家里人在资金上支持不了自己。为了筹集创业的启动资金，他每天早出晚归，穿梭于城市的大街小巷。但即使如此，除去生活所需的花销，他能存下的钱也所剩无几。

有好几次，姚宇都看准了几个非常有发展前景的机会，但最终全因为资金问题而不得不放弃。有不少他曾经看好的项目，别人后来去做了，如今都赚了大钱，但他却依然只能攒着微薄的工资，遥望着不知还有多远才能触及的创业梦想。

在大城市里，像姚宇这样的年轻人其实非常多，他们家境普通，有想法有干劲，但偏偏缺少资金支持，只能一次又一次地与机会失之交臂，眼睁睁地看着别人正在挣大钱。他们可能同时在做几份工作，在生活上非常节俭，却始终赚不够资金来启动自己的创业梦想。所以，也难怪会有很多年轻人在感慨，这钱怎么就那么难赚啊！

很多怀抱着创业梦想的人去工作的目的就是为了赚钱，累积自己的创业资本。但现实的残酷在于，鲜有一份工作能在极短时间内帮助你累积到足够的创业资本，而那些适合你的机会却总是在一闪而逝的，绝不会为你停留太久。也许，当你终于累积到了足够的创业资本时，那些特别适合你创业赚大钱的机会，已经没有了。

想通过自己去打工累积创业资本，这样的想法是典型的"穷人思维"。而被"穷人思维"主导的人，即使去创业，也不容易成功，更难成为一名真正的富人。因为只有拥有"富人思维"才可能成为一名真正的富人。

拥有"富人思维"的人，在创业之前，通常不会花费自己的宝贵时间去换取金钱，他们更愿意想方设法去借钱，来帮助自己迅速抓住创业的机会，尽快赚到自己的"第一桶金"，开创属于自己的事业。

用形象的比喻来说就是，拥有"穷人思维"的人，总觉得在做饭炒菜时，必须要用自己买的锅碗瓢盆才可以；但拥有"富人思维"的人却明白，只要能煮出自己的饭菜，假如自己没有锅碗瓢盆，去向拥有锅碗瓢盆的人借来一用又何妨！想致富，你完全可以借别人的"锅"煮出你自己的"饭菜"。

娃哈哈集团董事长兼总经理宗庆后在16岁那年被组织安排到浙江舟山参与填海工程，一去就是整整15年。回到杭州后，31岁的宗庆后成了一所小学的校工，这样一干又是将近10年。40岁时，他对于清贫安稳的现状并不满意。1987年，他与两名退休教师一起，通过各种方法，借了14万元，开办了一个经销部，主要负责给附近的学校派送文具和棒冰等。

在这个过程中，他发现很多孩子都有食欲不振与营养不良的情况，这让家长们十分头痛。他敏锐地感觉到，这是一个巨大的商机。1988年，在宗庆后的提议下，经销部开始给一些工厂加工口服液。积累了一定的经验后，1989年，娃哈哈营养食品厂正式成立。很快，他们开发并推出了解决孩子不肯吃饭等问题的娃哈哈儿童营养口服液。该产品投放市场后便一炮而红。到1990年时，创业仅3年的娃哈哈集团的产值已突破亿元大关。

我们试想一下，40岁时的宗庆后如果没有借来那14万元的创业资金，而是依靠他做校工时领的那一份微薄工资，他这一生还能有创业的机会吗？如果没有尽早创业，他能有发现儿童食品市场这一商机的机会吗？即使发现了，他能率先抓住这一商机吗？恐怕都不可能！

幸好，宗庆后是一个拥有"富人思维"的人，他知道自己不能通过自己十数年的打工生涯去积累创业的原始资本，必须通过借贷的方式，去募集到创业的启动资金。事实上，拥有"富人思维"的富人都很善于借，而拥有"穷人思维"的穷人却总是指望着靠自己攒钱能攒出一个光明的未来。结果，富人借到了创业资本，借到了成功的机会。穷人呢？攒走了机会，攒走了岁月，最后握在手中的，只剩下那些省吃俭用挤出来的微薄积蓄。

在犹太经典《塔木德》里有这样一句话："没有能力买鞋子时，可以借别人的，这样比赤脚走得快。"这句话是要告诉世人，即使你手上再没有资源，只要你善于"借"，懂得借别人的资源，你同样能赢得自己的成功，拥有自己的财富。

所有白手起家的富豪都明白这样一条致富秘诀，那就是："善于借，是穷人跻身富人行列的捷径。"很多穷人干得又累又苦却依然成不了富人，就是因为他们不懂得去借力，他们只相信自己，只愿意依靠自己。但一个人无论是能力还是资源都极其有限，如果学不会借力，根本就没有获得成功、成为富人的可能。

富人与穷人之间的一个显著区别就是，富人很懂得借力，知道什么时候可以信任别人和依靠他人的力量，能够在恰当的时候冒险，敢于承担打开财富之门后所带来的风险。因此，穷人也许不会失败，但也不可能富有；富人也许会有跌落深渊之时，但也总能抓住一次又一次攀登上财富巅峰的机会。所以，学会"借"，是你迈向致富与成功人生的必经之路。

# 善于整合资源，你就胜过一支百万雄师

很多人都想致富或者在某个领域里获得巨大的成功，然而，他们又觉得自己现在很多方面的条件都还没有成熟，又或者觉得自己某些方面的能力还不够，所以迟迟不去付诸行动。为什么他们会"畏惧"行动呢？因为他们总想等到万事俱备的时候才迈出去追求财富与成功的第一步。

但是，如果你去请教绝大多数的成功人士，他们都会告诉你，永远都不会有万事俱备的时候。退一万步说，即使你方方面面都已经准备好了，但是适合你成功的机会，你已经错过了。要知道，时代是不断变化的，任何行业都是动态发展的。极端一点来说，如果你是准备在某些夕阳行业去创业，也许等你准备好了的时候，这个行业都已经没有了。

无论你想在哪一个行业里赢得成功，收获财富，你都不需要等到自己万事俱备时，才开始去做。你完全可以先行动起来，然后再一步一步地让成功所需要的条件完备起来，从而让自己做得越来越好。很多时候，当你自己所具备的条件还不太成熟时，你完全可以通过整合资源的方法，来寻求方方面面的帮助，以达到你成功的目标。

假日酒店创始人威尔逊是整合资源、借力成事的典范。1951年的时候，威尔逊还是建筑业的一个小商人。这年夏天，他开着车带着全家人出去旅行，然后遇到了最令人头疼的住宿问题。原来，他们沿途能住到的都是汽车旅馆。

这些老式的汽车旅馆价钱虽然便宜，但是房间矮小简陋，设备陈旧，卫生条件也很差，晚上甚至还有虫子咬人！再加上旅馆服务员的态度也过于糟糕，所以，他们一家人在吃、住上面都感到很不舒服。

这一趟旅行让威尔逊看到了旅店业发展的新方向。于是，他冒出了自己去开办一家便利、卫生、舒适的汽车旅馆的想法。经过市场调查，他找到了可行的方案，并决心投入到旅馆行业的经营当中去。

威尔逊遇到的第一个难题就是资金问题。虽然之前他在建筑业做小生意时也赚了一些钱，但与建立大旅馆所需要的钱相比，这点儿钱简直是杯水车薪。不过，他一点儿也没有因为这个困难而停住去创业的脚步，很快，他通过整合资源的方式，向别人借来金钱，解决了自己的这第一个大难题。

事实上，在想办法解决资金来源时，他也开始寻找人才资源。为此，他给自己将来的旅店制定了一套详细的方案，并为旅馆起了一个很有针对性又温馨的名字，叫作"假日酒店"。为了能顺利募集到足够的资金，他可是下了大投入的。他把自己的全部积蓄都投入进去，又把住房做了抵押，然后向银行贷款50万美元。最后，他把所有的资源都集中在一起，并且在旅行者较多的城市——孟菲斯市盖起第一间"假日酒店"，显示出了整间酒店的轮廓。

威尔逊这一做法果然很有影响力，当这第一间"假日酒店"破土动工后，其壮观的蓝图马上引起了社会各界人士的关注。很快，一位35岁的叫约翰逊·华盛顿的律师对威尔逊的这一举动非常赏识，主动联系他，说愿意到他那里参与"假日酒店"的创建。威尔逊当然求之不得，尤其是当他得知约翰逊·华盛顿是孟菲斯市建筑协会的顾问、具有精明的经营头脑与透彻的分析能力后，马上就聘请后者担任了"假日酒店"的副总裁。

在约翰逊·华盛顿的策划与协助下，威尔逊制订了一个募集资金的好方法。在募集资金的对象上，他们没有走常规之路，换言之，他们并没有去找那些唯利是图的商家，而是去找了一些愿意为社会做好事的医生、牧师、律师等有稳定收入的中产阶层人士，向他们进行资金的募集。

二人周密地拟订出了无懈可击的"募集股份"说明，同时开展了有计划的扎实的宣传工作，给被宣传的人留下了有图样、有说明和措施的深刻印象。这些做法效果显著，很快，二人为"假日酒店"发行的每股为9.75美元的12万股股票，第一天便销售一空了。这笔资金的筹措，不但解决了威尔逊的第一间假日酒店能否建成开业的问题，也为威尔逊创建"旅店王国"打下了坚实的基础。后来，威尔逊的假日酒店大获成功。

当威尔逊开始建造第一间"假日酒店"时，他其实缺乏大多数资源。然而，他通过整合各种资源，例如资金资源、人才资源等，很好地为自己实现目标而服务，所以，他很快就让自己的第一间"假日酒店"开了起来。如果他要等到万事俱备，才开始去开"假日酒店"，很可能一辈子都开不起来。光是准备资金，如果不向银行贷款、不懂得向特定的人群募招，他恐怕都要储蓄很多年吧！

可见，懂得整合资源为己所用，是多么的重要。事实上，一旦你善于整合资源，借助别人的各种力量来帮助自己成功，你就比一支百万雄师还要强大。因为你能调动得起方方面面的资源与力量，在很短的时间里实现你的很大的目标。

很多人为什么一辈子都碌碌无为、一事无成，并不是因为他们缺乏梦想与目标，而是因为他们总是在等待着万事俱备的时候。他们总是以条件不齐备为借口，而推迟行动的步伐。殊不知，这只会耽搁更多时间，失去大好机会。事实上，只要我们能够分析好时局，看到切切实实存在着的机会，那么成功就能变成可能。

那些如今取得了巨大成功的人，在刚开始时其实都像威尔逊那样，有很多条件都不具备，或是资金不够，或是人力不足，或是技术短缺等等。然而，他们并没有一味地等待，而是想方设法去整合资源，借助别人拥有的资源与力量，来为自己的创业服务。切记，从来都不会有万事俱备的时候。而且，既然可以借助别人的资源和力量，来成就我们的大业，为什么还非要等到我们自己万事俱备的时候呢？

## 懂得寻求帮助，能轻松解决你的难题

无论是谁，在生活和工作中都难免会遇到各种各样的难题。有很多难题我们自己就能解决，但有一些难题，无论我们怎么竭尽全力也未必能解决掉。但是，对你来说非常难解决的问题，对于某个人来说也许轻轻松松就能解决！

在一处沙滩上，有个大概五六岁大的小男孩正在修建着一条"公路"。修着修着，前面有一块很大的石头挡住了他"工程建设"的步伐，于是他决定把大石头搬走。他先是用小铲子把大石头周围的沙子都挖出来铲走。然后，他准备从大石头的底部把它掀起来。

没想到，小男孩手脚并用，使出了吃奶的力气，也才将石头搬开了一点点。他发现，自己可能没有足够的力气将这块大石头搬出自己这条"公路"。但他不想放弃，继续想办法要把大石头搬走。只见他用手推，用肩拱，用背顶，左摇右晃大石头，一次又一次地努力，却一次又一次地失败了。因为他始终力气不济，所以每每将大石头推开一点，他一泄劲，大石头便重新滚了回来。最后一次，大石头滚回原位时，还撞到了他的膝盖。突如其来的痛楚，让小男孩忍不住哭了起来。

小男孩在沙滩上的一切举动，其实都被不远处的爸爸透过窗户看得一清二楚。眼见孩子急哭了，爸爸连忙赶了过来，然后抚摩着儿子的小脑袋说："孩子，你为什么不使用你所拥有的全部力量呢？"小男孩非常委屈，掉着眼泪说："爸爸，我已经用了最大的力气啦！"

"孩子，并没有啊！"爸爸说，"你并没有用尽全力，你并没有寻求我的帮助啊！爸爸我也是你有拥有的力量啊。"说完，爸爸弯下身去，抱起那块大石头，走到岸边的礁石群，远远地扔了过去。

没有人是什么都懂的，也没有人是什么都干得了的。我们至多可以成为"一专多能"或者"几专多能"的"几料人才"。然而，相比较于世界上成千上万种能力，我们懂得再多，也掌握不了几样。所以，很多时候，当我们遇到了靠自己的能力实在是解决不了的难题时，我们一定要迅速想方法寻求擅长之人的帮助。

我们能多懂一些，这肯定是好事。但是，我们还应该掌握向他人求助之道。人生成功的捷径，在于将别人的长处最大限度地变为己用，也就是我们常说的"借力"。

善于借力，也是一种不可多得的能力。个体的力量其实非常渺小，而人互有短长，你解决不了的问题，对别人来说可能就是轻而易举的事。切记，他们都是你的资源与力量。在工作和生活里，当遇到困难、感到自己力有不逮时，请你千万不要蛮干或者轻易放弃，不妨去想办法寻求别人的帮助。

很多成功者之所以能取得很大的成功，既因为拥有能独当一面的能力，又因为他们很懂得向他人寻求帮助。正因为他们懂得在遇到困难时向他人求助，所以他们才得以度过一次又一次危机，攻下一座又一座难关。

从刚毕业开始，徐浩便在北京的一家文化公司上班。但三年过去了，他还是这家公司里的一个毫不起眼的编辑，尽管他工作能力极强，工作认真负责。既没有机会升迁又没有获得过大幅度加薪的徐浩，上了三年班，居然连在北京市五环内租房子都费力，所以他只能在五环外的城中村里租住。

每天下班回到城中村的出租屋里，他的心里就会一阵阵难受："难道我这辈子就这样了吗？"有一天，他突然想通了，决定努力想办法改变现状。要改变现状，他认为第一步就是要寻求他人的帮助。说干就干。他通过互联网搜索到了国内一些知名出版人的联系方式，然后逐一给他们打电话、发邮件，希望能创造与他们合作的机会。

一段时间后，他的这些努力开始见到成效。这些知名出版人里开始有五六位成为徐浩的朋友，他们都很看好这位小伙子，所以都很真诚地传授了他许多图书策划与编辑方面的知识和经验。

紧接着，他又加入了一个北京出版人QQ群，并常常参加群里的聚会。在有一次聚会上，他结识了某出版社的总编辑吴川老师。于是，徐浩将自己对图书出版的见解和自己的未来打算都跟吴川详细地说了。吴川很欣赏这位年轻人，觉得他很有闯劲和拼搏精神，将来一定会有所成就。于是他对徐浩说："小徐，如果以后有机会，希望咱们能合作。只要我还在出版圈里，你需要我帮你什么忙，你尽管开口。只要是我力所能及的，我都义不容辞。"徐浩感激地记下了吴川的话。

过了没多久，徐浩把曾经在图书市场上非常畅销的图书《上下五千年》做了再版，将封面、插图都做了重新设计，感官上更加吸引人，价格也定的更加合理。然后，他联系了吴川："吴老师，我把《上下五千年》重新策划、包装了一下，请问能和你们社合作吗？"吴川了解了徐浩对这套书的策划包装思路后，便爽快地答应了。

又过了一段时间，这套书顺利地出版发行了。由于这套书的设计与价格定位都很到位，所以销量非常好。这套书也为徐浩带来了十几万元的利润收入。凭借着这笔钱，以及吴川的鼎力相助，徐浩在出版业里逐渐崭露头角，还开了一家属于自己的图书公司，当上了老板。现在，徐浩已经在出版圈里小有名气，身价则达到了千万元以上。

懂得寻求他人的帮助，远比自己单打独斗去当一名孤胆英雄要活得更轻松，也更容易成功。古往今来，许多成功者最初都没有什么实力，他们之所以成功，很大程度上得益于他人的帮助。

无论你是想开创一番事业，还是想在职场里获得很好的发展，你都需要懂得寻求他人的帮助。在当今这个时代，即使你拥有几项特别棒的能力，但也还是尽量不要仅凭一个人的力量去盲目打拼，不要让自己变成一名"独行侠"，因为生活的艰难、工作的繁重不但会令你吃不消，甚至还有可能过早地耗尽你的生命。切记，独自一人拼死拼活，远远比不上借助他人的帮助来成就自己的事业要来得更加轻松愉快。

# 借人才之力推动你的事业向前发展

刘邦成为汉高祖后便册立了长子刘盈为太子。但刘盈年龄越大刘邦就越发现前者性格懦弱，才华平庸。相比之下，自己的二儿子、赵王刘如意却聪明过人、才学出众，更重要的是，刘如意在性格上和自己特别像。所以，刘邦特别喜欢刘如意而对刘盈并不大满意。后来，他更是想废掉刘盈的太子之位，转立刘如意为太子。

刘盈的母亲吕雉在觉察到了刘邦的心思后，心里很着急。于是她马上向张良求计。张良给她出主意说，现在马上去把"商山四皓"聘来给太子做宾客，这样皇上就会打消废太子的念头。

商山四皓，指的是秦末汉初（公元前200年左右）的东园公、甪里先生、绮里季和夏黄公这4位著名学者。由于不想当官，这4人长期隐居在商山。当吕后请他们出山时，4人皆已80多岁，眉皓发白，故被称为"商山四皓"。

刘邦其实早就知道"商山四皓"的大名，并且派人去请这4人出山，请了很多次，但他们都拒绝了。有一天，刘邦与太子刘盈一起吃饭时，发现太子的背后站着4位白发苍苍的老人。刘邦一问才知道他们就是传说中的"商山四皓"。这时，四皓上前向刘邦谢罪道："我们听说太子是个宽厚仁孝之人，还很礼贤下士，所以我们就一起前来给太子当宾客了。"

刘邦知道大家都很同情太子，又看到太子有4位大贤辅佐，于是打消了改立赵王如意为太子的念头。刘邦去世后，刘盈继位，史称汉惠帝。

没有张良出的主意以及"商山四皓"的帮助，刘盈很可能就保不住太子之位了。当这些顶级人才愿意帮助他之后，他才算是真正坐稳了太子之位，最终顺利成为皇帝。

这个案例告诉我们，在发展事业、追求成功的路上，我们一定要学会借人才之力，推动我们的事业向前发展。在所有的资源里，人才资源无疑是一个不容忽视的关键性资源，因为任何人想要成就事业，都离不开人才对其的鼎力相助。只有把优秀的人才吸引到自己身边，让他们心甘情愿地发挥他们的长处，才能推动你的事业迅速向前发展。

已故"台湾首富"王永庆，在世时曾把事业做得特别大，从一个穷小子最终成为台湾最富有的人。王永庆在事业上之所以能取得如此大的成就，与他让很多人才来帮助自己成功，是分不开的。王永庆有很多求贤若渴的故事。例如，为了让人才帮助自己，他曾经演出了一幕现代版的"三顾茅庐"，至今仍被华人企业界传为美谈。

1996年，王永庆看中了这样一项很有前途的事业：把山林废弃的树梢残材，经化学处理后变为高价值的纤维。包括王永庆在内的所有懂行的人都知道，这是一本万利的好买卖。遗憾的是，当时王永庆手里的资金周转不过来。这时他的朋友、中小企业银行董事长陈逢源也很看好化学纤维的未来，便果断把在台湾金融圈很有地位的丁瑞央介绍给了王永庆。

然而丁瑞央刚开始并不想加入王永庆创办的"台塑"，一连四次都婉拒了王永庆的邀请。王永庆并不气馁，被拒绝了四次后，他又迈出了第五次盛邀丁瑞央的脚步。王永庆"五顾茅庐"的诚心终于打动了丁瑞央，令他同意到台塑任职。加盟台塑后，丁瑞央立马精心策划与四处奔走，帮助台塑获得了国外银行的长期贷款，开了台湾金融界的先河。要知道，在此之前，还从来没有哪一家台湾民营企业能获得国外银行的长期贷款。就这样，王永庆通过人才丁瑞央，为自己未来做化学纤维的成功铺好了道路。

王永庆求贤若渴的故事启示我们，人才决定了你事业的发展与成功。你想要在事业上取得巨大的成就，就一定要借助人才之力，所以，一定要学会如何打动人才之心，让人才心甘情愿地为你去努力做事，助你成功。

我们都已经知道，任何一个人，无论个人能力再强，也总会有能力"短板"，当我们要发展自己的事业时，我们一定要把自己的优势、天赋发挥得淋漓尽致，而对于我们的劣势和缺陷，最好是寻找相关的人才来弥补我们的不足。当我们能与人才进行优势互补时，我们的事业发展得会更加顺畅，成功的速度会更快。

微软创始人比尔·盖茨能获得巨大的成功，离不开众多人才对他的鼎力支持。在微软公司创立初期，公司里的员工基本上都是年轻人，他们在搞技术研发与做营销业务时都是一把好手。然而，在公司内务与行政管理方面，这些人才就都没有什么耐心去做。可是，这些工作总是要有人来做的，既然目前公司里的年轻人都不适合去做，比尔·盖茨便去招了一个人，专门负责处理这些事情。

刚开始时，比尔·盖茨招来的是一名大学刚毕业的女学生。来了之后，比尔·盖茨安排她给公司当秘书。然而，这个秘书到了公司后，除了自己的分内事，别的工作一概不管，这让比尔·盖茨很不满。这时，他意识到公司应该招聘来的是一位热心爽快、能事无巨细地把后勤工作全揽下来的管家式女秘书，绝不能让这些事情再分自己的心了。于是，他马上解雇了这位秘书，然后招来了自己想要的那种类型的秘书——一个叫露宝的42岁的女人。

露宝来到微软公司不久，就发现盖茨工作得很辛苦，为软件设计倾注了大量的心血，经常躺在地板上就睡着了。刚开始时，她还以为盖茨躺在地板上是因为他晕过去了，后来才知道他是太累了。从那以后，每次当盖茨累得睡在地板上时，她就会像一位母亲呵护儿子一样给他盖好衣服，然后再悄悄出去，掩上门，让盖茨能好好地睡一觉。

在工作上，露宝也是一把好手。很多人都知道盖茨是谈判高手，然而有好几次，当盖茨谈不下来客户，换露宝出马时，总能谈下来！虽然这样的情况不是很多，但这也说明了露宝除了能做好后勤、行政工作外，在谈判上也是有一定能力的。露宝把微软看成是一个大家庭，对每个员工都非常关心。后来，盖茨和其他员工对露宝都有了很强的依赖心理。

过了几年，当微软决定把公司迁往西雅图时，露宝由于丈夫的原因不能跟着盖茨他们去西雅图，这令盖茨他们对她依依不舍。在确认露宝确实去不了西雅图后，微软高层联名写了一封推荐信，推荐露宝去了当地一家福利待遇非常好的企业。临别时，盖茨握住露宝的手，很动情地说："微软公司永远给你留着空位置，随时欢迎你。你快点过来吧！"3年后，露宝先是一个人去到西雅图，后来又说服丈夫举家迁了过去。

在这个案例里，比尔·盖茨从工作需求出发选择了露宝当后勤主管，从而为自己省了不少时间、精力，让自己可以从后勤、行政等琐事上抽身出来，可以更专注地投入到自己最擅长的软件开发与市场营销中去，从而加速了自己事业成功的步伐，直至后来事业如日中天。

可见，如果你想成就一番事业，就必须学会让各种各样的人才来帮助你，让你可以专注于自己最擅长的事情上，而那些你不擅长的事，就交给擅长它们的人才们去帮助你做好即可。当你能借人才之力去推动你的事业向前发展时，你的成功会更快到来。

# 借财生财：富人懂得让金钱为自己服务

在这个世界上，能够用别人的资源和力量，来帮助自己把事情办成，这才是真本事；能够借用别人的钱来帮助自己赚钱，这才是赚钱高手。就以赚钱来说，世界上绝大多数富豪都懂得向银行借钱来为自己的企业服务的经营秘诀。当然，只要能为自己赚钱，什么地方的钱都可以借来为自己服务，而不仅仅限于银行的钱。

超级富豪们都懂得借财生财，都深谙让金钱为自己服务之道。如果你还不是有钱人，但你又想让自己未来成为有钱人，那么你一定要学会向别人借财来"生"你的财富。如果你不懂得如何让别人的金钱来为你服务，你很难成为有钱人。事实上，当你懂得如何借助别人的钱来让自己赚钱时，你将很快变得有钱。

已故加拿大著名华人企业家林思齐40多岁才携家前往加拿大定居。到了加拿大后，林思齐走过了一段艰难摸索的路程，后来，他借助别人的经验与别人的金钱，达到了成功发展自己事业的目的，最终还在加拿大建立起了一个属于他的"房地产王国"。总结林思齐的成功之道，巧借别人的钱，是他借助他人的力量有效地发展自己的最成功的要诀。

林思齐是怎样借财生财的呢？我们不妨来看看他的一个真实的故事。有一天，他的一位老朋友来到加拿大找他买地。两人见面后，老朋友跟他说，他很想买林思齐的某块地，但要求林思齐也掏一半钱出来投资，要不然他不敢买。

林思齐一听，面露难色，然后真诚地对老朋友说，自己其实没有钱。朋友不相信，还提到林思齐曾在香港当过银行经理，拿出这笔钱应该不成问题啊。林思齐还是跟朋友实话实说，自己确实没钱。但他又跟老朋友提出，如果他肯借钱给自己，自己同意一人投资一半。这位老朋友出于对林思齐的信任，便借钱给他，然后一起合作经营起了房地产买卖。

就这样，林思齐于1973年创立了加拿大国际房地产公司。这一次成功的合作，让林思齐受到了很大的启发，还发现了一个合资的方程式，让他获得了施展自己才华的机会。从此，香港人到加拿大投资，林思齐都会游说他们借钱给他，然后合资做生意。他借钱开的合股公司达到了20多家，每家公司都由他自己当总经理，他的合作伙伴则担任公司的主席。

说到巧借别人的钱来为自己生财，林思齐最得意的一次，要算美国旧金山市市中心的保险交易大厦的买卖。1973年，由于世界石油危机的困扰，美国经济受到了巨大的影响，美国的地产业同样一蹶不振，结果由于美国各家银行对房地产业的借贷都非常保守，导致美国很多家房地产公司生存得越来越艰难。

在这段时期里，旧金山市市中心的保险交易大厦以400万美元的价格放盘。识货的林思齐一下子就看准了这座大厦具备升值的潜力，很值得买到手。没想到，当他还在筹款的时候，这幢大厦就已经被一名犹太人以425万美元的价格抢先买走了。虽然大厦没买成，但林思齐却主动找到这位犹太人，和他成为好朋友。林思齐还请对方吃了一顿饭。在吃饭的时候，他一方面称赞了犹太人很有眼力，另一方面又很有诚意地表示，如果对方将来要转卖这幢大厦，请首先告诉他。

9个月后，这位犹太人果然致电给他，愿意以540万美元的价格转让给他。虽然这个价格要比9个月前犹太人买的时候涨了115万美元，但林思齐毫不犹豫地按照犹太人的出价买了下来。但是，在交易过程中，林思齐却向对方提了这样一个条件，那就是希望犹太人先借款他，借期为7年，年息7厘。出人意料的是，这位犹太人由于对林思齐的印象一直以来都非常好，所以真的答应了这个看似不可能会答应的条件。

林思齐买下了这栋大厦之后，美国房地产业的形势开始好转。很快，有一位英国大地产商愿意掏2250万美元的现金买下这幢大厦。林思齐同意把大厦卖给了这位英国人。最终，这笔买卖让林思齐净赚了1710万美元。

林思齐的成功故事告诉我们，如果你善于借财生财，就有可能帮助你迅速致富。对于任何一位创业者来说，想要创业成功都必须学会整合资源，借来各种"力"，以帮助自己更快地成功。在这些资源和"力"里，最重要的无疑就是钱。换言之，在创业过程中，最需要借到的资源是钱。

然而，借钱绝对不是一件容易的事，其难度与你所借的金额大小成正比。用万通控股集团董事长冯仑说过的一句话来形容就是："谋人钱财，其难度仅次于夺人贞操。"可见，能够从别人手里借到钱，绝对是一项大本事。

人们通常不知道自己究竟有几斤几两，但只要涉及"借钱"这件事，就很容易找到自己的定位。金钱不是证明个人价值的唯一的东西，但绝对是最能真切反映你个人价值的东西。你能借得到多少钱，从某种意义上反映出了你在他人心目中到底值多少钱。

曾有这样一个年轻人，很热衷于交际，手机里面存了几千个电话号码，大街上随便遇到一个人，似乎都和他有过交集：或一起吃过饭喝过酒，或一起出席过某个活动，或一起参加过某个聚会。在这位年轻人看来，这些东西就是他最宝贵的资产——人脉。但后来，当他因为欠了很多钱而被追债时，他一个个地拨通这些手机号码，但最后连一分钱都没有借到！

一个人真正的价值与本事在其风光无限时往往看不出来，只有落难时，看这个人能借到多少钱，借到多少人脉，借到多少援助，才能反映出这个人真正的身价与本事。就像刚才提到的这位年轻人，虽然存了几千个人的联系方式，但却没有一个人愿意帮助他。换言之，这些人并不能算是他的资源。

回到借钱这个话题，很多人都害怕向别人借钱，所以，想让他们学会借财生财的本领，还挺难的。那些能够成为富人的人，就不会顾虑太多，不会放不下自己的自尊心，因为任何想成为富人的人都明白自己真正应该在意的是什么，绝不会死要面子。总之，想要致富，远离贫穷，你一定要练好借钱这门本事，让自己尽早成为借财生财的高手。

## 借助团队的力量，更容易实现你的理想

你是否留意过这样一个现象：成功人士无论自己本身多么精明能干，手下都会有一个团队，这个团队可能与他的事业有着直接的关系，也可能与他的事业没有直接的关系，但这个团队是必不可少的。

为什么成功人士会热衷于组建团队呢？因为在一支团队里，可以有许多具备不同特长的人，每个人都既可以帮助他们去完成那些没必要让自己亲自去做的事情，又可以在团队之中与其他成员相互协作，这样做起事情来往往能事半功倍。更重要的是，如果团队组建得好，我们完全可以借助团队的力量来帮助自己成就大事业，实现大目标。

"股神"沃伦·巴菲特在创业初期时，他的公司规模并不大，甚至人数最少时，公司里还不到20个人。但是，这些人却为他带来了巨大的效益。因为这些人不但可以帮助巴菲特分析更多的信息，让他从中寻找到获利的机会，更为他带来了广泛的人脉与机会。这其中，他重要的合作伙伴同时也是他生活中的挚友查理·芒格，就为他的公司做出过巨大的贡献。

查理·芒格具备巴菲特所没有的谨慎多疑，但有时候又能展现出巴菲特所不具备的冒险精神。正是查理·芒格的存在，帮助巴菲特在生意上免受了许多损失，而

收购美国加利福尼亚州最大的糖果公司"喜诗"糖果，更是由查理·芒格一手促成的。这笔收购让巴菲特赚得盆满钵满。

组建团队有助于资源的最优化，从而起到节约成本、提高效益的作用。巴菲特在股票与数字方面有着超越常人的天赋，同时，他在组建团队上也颇有心得。在年轻时，他就已经是一个非常擅长组建队伍的人了。他从小对经商就很感兴趣，从那时候开始他已经在经营自己的各种事业了，并且一美分一美分地积累着自己的财富。等到他上大学时，他手中已经有了几百美元。

这段时期里，巴菲特认识了一个非常擅长修理机器的朋友。尽管此人在经商方面一窍不通，但巴菲特还是和他成为朋友。后来，正是这个朋友帮助巴菲特赚到了人生中真正意义上的第一桶金。那段时间里，巴菲特负责收购破旧的游戏机和报废的汽车，他的这位朋友则负责将其修好。随着经营能力的日益成熟，巴菲特手里的几百美元很快便翻了数倍。

"钢铁大王"安德鲁·卡内基也很懂得组建一支团队的重要性，所以，他花了100万美元的年薪为公司聘请了一位名叫舒瓦普的首席执行官。即使是在如今，顶级企业当中能获得这样高薪的人也没有太多，更何况这件事情发生在1921年！

但卡内基本人觉得很值。他之所以愿意花如此重金去聘请舒瓦普，主要是因为舒瓦普本人有着广泛的人脉与丰富的资源。聘请了舒瓦普，就相当于自己的公司也可以借用舒瓦普的人脉等资源来为自己的企业赚大钱了。

要建设一个好团队并不容易。团队和群体不一样，不是只要把一群人机械地组合在一起就能称之为团队，更别说是优秀的团队了。一个真正优秀的团队，应该有共同的奋斗目标，其团队成员之间应该相互依存，相互影响，形成某种心照不宣的默契，从而很好地配合协作，实现团队力量的最大化。

谈到优秀团队的组建与发挥最大的战斗力，笔者想到了近年来我们很多人都喜欢玩的网络游戏。通常一款好的网络游戏，在角色设置方面往往会讲求平衡与互补。换言之，无论你选择哪一个职业的角色，其综合能力方面的差异都不会过大，但同时每个角色又有着各自擅长或不擅长的技能。

在网络游戏里，开发者们通常会设置许多难度不等的关卡。对于简单的关卡，玩家自己一个人也能轻松通过，但如果是难度较大的关卡，就需要组队进行攻关才能通过。在网络游戏里，组队也是很有讲究的。通常来说都会尽可能涵盖所有职业的角色，每个角色在团队中都有着明确的分工。例如防御力较强的玩家通常负责吸引火力；具有治愈技能的玩家则主要负责给团队"补血"；擅长近距离攻击技能的玩家通常负责打头阵；擅长远距离攻击技能的玩家则主要负责殿后……

对于某些难度较大的地图，再怎么厉害的玩家也不可能凭借一己之力通关，而如果组成团队，那么团队中的玩家可能只要有中等操作水平，就能相互配合，轻松过关。这就是团队的力量，有的事情，凭借一人之力，可能一辈子也难以做到；但如果依靠团队，却轻轻松松就能完成。

在现实中，也总有一些企业、组织，非常善于利用团队的力量，总能通过团队各成员的高效协作，去完成很多看似不可能的事情，创造出一个又一个奇迹。例如，海尔集团这个团队，就经常能创造出一些令人拍案叫绝的奇迹。

1994年4月5日，海尔CEO张瑞敏接到了一个德国客户打来的电话，该客户要求海尔必须在两天之内将他们预订的货物发出，否则将取消这一订单。

张瑞敏接到这个电话时已是周五下午两点了，换言之，如果要满足德国客户的要求，那么海尔就必须在今天之内把货物发出。当时，海关、商检等有关部门的下班时间是下午五点整，也就是说，要顺利完成这张订单，海尔只有三个小时的时间，这几乎是不可能的。

不过，海尔已经习惯了将不可能变为可能，所以这件事难不倒大家。为了尽可能地争取时间，在张瑞敏的指挥下，海尔全体员工充分发挥了优秀的团队协作精神，采取了齐头并进的方式，调货、报关、联系船期等工作同时展开，抓紧每一分钟，尽可能使每个环节都实现"无缝对接"。当天下午五点半，当德国客户接到了海尔的发货通知时震惊不已，他其实都已经做好取消订单的准备。

海尔公司奇迹般的崛起，正是因为她拥有这样一支强大的团队。这个团队的管理者们总能最大限度地调动起每一个员工的积极性，极大地增强团队的凝聚力，所以总能创造出许多别人眼中不可能实现的奇迹。可想而知，这个团队的战斗力是何其强大啊！这也启示了我们，如果你善于借助团队的力量，你将很容易就实现自己的目标与理想。

一个人再有天赋再能干再"多专多能"，始终力量有限，所以成就也会非常有限。更重要的是，有些目标与理想，仅靠一个人无法达成。但是，当你能够把自己融入一个优秀的团队里面去，善于借助团队的力量时，你就能很容易达成自己的目标，实现自己的理想，收获自己想要的财富，赢得自己想要的成功。

# 向名人"借光"，迅速提升你的影响力

什么叫作"借光"？要理解好这个词，我们不妨先看下面这个故事。当晋元帝司马睿还只是琅邪王时，王导觉察到天下已乱，便有意拥戴司马睿登上帝位，复兴晋室。当时机尚未成熟之时，他劝司马睿不要再住在洛阳，而应该回到自己的封国去。作为琅邪王的司马睿，其封国在吴。然而，当他回到吴地后，当地的吴人都没有主动搭理他。

一个多月后，看到当地的名门望族没有一个人前来拜望司马睿，王导心里有些着急了。于是，想了个方法，准备借助当地的名人，来提升司马睿在吴地的威望与影响力。

他找到了在吴地拥有很大势力的堂兄王敦，说："琅邪王虽然仁德，但名声不大，而你在此地早已是有影响力的人了，应该帮一帮他。"王敦答应了，二人约好在三月上巳节时，一起伴随着司马睿，去观看修禊仪式。

到了上巳节的那一天，王导二人让司马睿乘坐轿子，威仪齐备，他们自己则和众多名臣骁将骑马扈从。吴地大名士纪瞻、顾荣等人看到了这种场面，感到非常吃惊，于是相继在路上迎拜。

这件事结束以后，王导又对司马睿说："自古以来，凡是能称王得天下的人，都会虚心地招揽俊杰。现在天下大乱，要成大业，当务之急便是要取得民心。顾荣、贺循二人是这里的名门之首，把他们吸引过来，就不愁其他人不来了。"

听了王导的话后，司马睿马上派王导亲自登门去拜请顾荣、贺循。这二人欣然应命前来朝见司马睿。受到这二人的影响，吴地士人、百姓从此便归附了司马睿，这就为东晋王朝的建立奠定了坚实的基础。

从社会心理学角度来理解，"借光"是一种心理现象。国外将这种现象称之为"哈洛效应"，是指由于外在力量的影响使得某事物增光添色，就好像圣像头上的光环使圣像显得更为高大、更有影响力一样。利用这一效应，就可以借助权威的力量扩大自己的影响力，提升自己的形象，增加自己的威望。这也正是王导为司马睿向吴地名士们借光的本质。

在当代社会里，"借光"这种手段已经在政治、经济、文化以及外交等领域得到了广泛的应用。稍为留心就能发现，无论是在电视里、报纸杂志上，还是在别的广告媒体上，许多商业广告都喜欢花重金邀请名人来推广自己的产品。这其实就是在利用名人的资源，向名人"借光"。

根据社会心理学家研究表明，那些有头有脸的人物、明星们都喜欢用的东西，普通人在心理上往往也比较容易认同，甚至可能会在使用该产品时，心里还会有一种自豪感："看！我和×××用的是同一个品牌的东西。"

"保灵蜜"是美国一家公司生产的天然花粉食品。刚上市时这个食品卖得很不好，老板想了很多办法，依然没有让这个产品卖出去。于是，老板召集全公司的人一起开会，准备集思广益，讨论一下怎样才能激发消费者对"保灵蜜"的需求热情，如何才能让消费者相信"保灵蜜"对其身体大有益处。

讨论来讨论去，一天下来大家依然没能拿出一份真正可行的方案。正当大家一筹莫展时，公司负责公关的贝蒂带来了这样一则喜讯：时任美国总统罗纳德·里根长期食用"保灵蜜"。

原来，贝蒂非常善于结交社会名人，常常从一些名流那里得到一些非常有价值的信息。这一次她从里根总统女儿那里听到了对自己所在的企业十分有利的谈话。

据里根女儿说："20多年来，我们家冰箱里的花粉就从未间断过，父亲喜欢在每天下午4点吃一次天然花粉食品，长期如此。"

很快，贝蒂又从里根总统的助理那里得到信息，里根在强身健体方面有着自己的独特秘诀，那就是：吃花粉，多运动，睡眠足。

这家公司在得到上述信息并征得里根总统的同意后，马上发动了一个全方位的宣传攻势，让全美国的老百姓都知道，美国历史上就职年龄最大的总统里根之所以体格健壮，精力充沛，主要是因为他经常服用天然花粉。很快，"保灵蜜"在美国大卖特卖。后来，它还被出口到欧洲与南美，畅销全球。

"保灵蜜"通过向时任美国总统里根"借光"，迅速提升自己的影响力，最终创造了销售奇迹。这告诉我们，在商业社会里，当你学会向名人"借光"，并用在正确的事情上，你不但能提升自己的影响力，甚至还能为自己带来巨大的财富。例如，原本穷困潦倒的艾布杜，便是通过向全天下的名人"借光"，从而为自己"借"来了百万家财。

懂得向名人"借光"，回报是非常大的。当然，向名人成功地"借光"也不是一件很容易的事，要求我们具备一定的智慧与能力，否则很可能借不到"光"。2008年，奥巴马成功当选美国总统，然后带着妻子和女儿离开了位于芝加哥的老家，搬到了华盛顿白宫。在接受媒体访问时，他曾深情地表示，自己很喜欢位于芝加哥海德公园的老房子，等任期一满，自己卸任以后，还会带着家人回到老家居住。他的这些话让他那些在芝加哥的老邻居们都很高兴，尤其是一位名叫比尔的邻居。

原来，比尔一直期盼着奥巴马能成功当选美国总统，这样他就可以向奥巴马"借光"，让自己的房子卖出一个高价。他特意建了一个网站，全方位介绍自己的住宅，希望能更有效地推销自己的房子。比尔的房子是一幢豪宅，建筑面积500多平米，拥有20个房间，从网站上的照片和视频可以看出，住在里面一定会非常舒服。更重要的是，奥巴马曾多次来此做客，并在这座房子里的壁炉前拍过一个竞选广告。从某种意义上说，这是一栋已经被载入史册的房子！比尔相信，有了这些卖点，他的房子一定能卖出300万美元以上的高价。

访问这个网站的人很多，但有购买意向的人却一个都没有！这让比尔百思不得其解。为了找出原因，他仔细查看了网站上的留言。原来，大家担心买了他的房子之后，就会生活在严密的监控之下。原来，奥巴马夫妇、女儿虽然都去了白宫，但这里依然有多名特工在保护奥巴马的其他家人，附近的公共场合也都被密集的摄像头覆盖。只要出了家门，隐私权就很难得到保护。更要命的是，等奥巴马任期结束回来之后，各路记者肯定会蜂拥而至。到那时候，邻居们的生活必将受到更严重的干扰，因为每个人每天出入都会被保安、特工们检查、盘问。试想，哪一个正常人愿意生活在这样的环境，更何况是买得起豪宅的人？

又过了一年，比尔的房子依然无人问津，他非常心焦，因为他等着钱用。正在他不知道该怎样才能把自己的房子推销出去时，一个叫丹尼尔的人找到了他，要买他的房子。两人经过一番讨价还价，最终确定交易金额是200万美元，而且需要分期付款。比尔好不容易才遇到了一个诚心的买主，最终做了很大的让步，同意了对方的请求。

丹尼尔在付了首付款并签完购房买卖合同后，便将房子抵押给了银行，贷出了一笔款。然后，他把这栋豪宅改造成了幼儿园。原来，丹尼尔本来就是一家幼儿园的园长，因此，在这里办一家幼儿园并不是难事。当房子的用途从居住改为幼儿园之后，那些过于严密的监控就显得很有必要。事实上，这个毗邻奥巴马老宅的幼儿园，成为全美最安全的幼儿园之一。很多富豪都愿意把孩子送到这里来。

为了给幼儿园做推广，丹尼尔请了很多名人来给孩子们上课。这些名人里有不少是黑人明星，他们为奥巴马感到骄傲，也为能给幼儿园讲课而激动，因此都很乐意接受邀请。幼儿园开业两个月后，奥巴马抽空回老家转了一圈，顺便看望了一下他的新邻居们，这一下，幼儿园更加有名了。越来越多名人主动表示愿意无偿来与孩子们交流，同时，越来越多的家长打电话咨询，想让自己的孩子来此接受教育，为此多付几倍的学费他们也乐意。很多广告商主动联系到丹尼尔，想在幼儿园的外墙上做广告，因为这里的媒体曝光率非常高，不用来做广告太可惜了。为此，丹尼尔组织了一次拍卖广告墙的活动，获得了一大笔广告收入。

这个案例启示我们，如果不懂得如何向名人"借光"，即使有名人的"光"可借，也很可能借不到。而那些善于向名人"借光"的人，往往能借到名人"最亮"的"光"，然后帮助自己收获尽可能大的回报。

## 第五章

## 经营人脉：
## 高效拓展人脉，倍增你"队伍"
## 的实力

# 有人脉助你，才华更容易找到用武之地

世界上到处都有才华出众的穷人，他们能力不凡、一身本领，却始终一事无成。为什么会这样呢？究其原因，是缺乏含金量高、在关键时刻能助他们一臂之力的人脉。没有人脉，才华就没有用武之地。如果一个人觉得自己怀才不遇，很可能就是因为他还没遇到贵人。在这种情况下，这个人如果能主动出击，寻找自己生命中的贵人，那么他的才华一定能得到淋漓尽致的发挥。

美国好莱坞有这样一句名言："一个人能否成功，不在于你知道什么或者做过什么，而在于你认识谁。"如果有一天你遇到了能让你的才华得到用武之地的人，你一定要牢牢抓住。

好莱坞老牌影星寇克·道格拉斯曾红极一时。其实，年轻时的寇克·道格拉斯也落魄潦倒过。刚开始时，包括许多知名导演在内的绝大多数人都不认为他能成为明星，所以，他迟迟得不到展露自己才华的机会。

有一天，他乘坐火车外出旅行。旅途漫漫，为了打发时间，他主动与身边的一位旅客攀谈了起来。这位旅客是一位女士，没想到，他这一聊居然为自己聊出了一个很大的机会。当他结束旅程回到家后不久，便被邀请到一家制片厂去报道。原来，寇克·道格拉斯在火车上热聊的那位女士，是好莱坞的一位知名制片人。

从此，寇克·道格拉斯的事业有了一个新起点。在这位女制片人的帮助与提携下，他很快便获得了很好的发展。当年，他就凭借在电影《冠军》中扮演残酷无情的拳击手而一举成名。后来，他又出演了很多具有社会影响力的电影，如《生活的欲望》《光荣之路》等，从此确立了自己在世界电影史上的地位。

有人脉的帮助，有贵人的提携，一个有才华的人会更容易获得机会的垂青。在这个故事里，由于女制片人的出现，寇克·道格拉斯的才华便能充分地发挥，他的命运也因此获得了改变！

无论是谁，个人能力再强也终究有个上限，更何况即使拥有足够强大的能力与令人惊艳的才华，也不一定会有用武之地。当一个人确立了自己的奋斗方向，并朝着正确的方向努力奋斗时，如果他费尽心思都无法取得成功，那么这时候就需要一位贵人来指点、帮助和提携他。正所谓"万事俱备，只欠东风"，只有贵人这股"东风"一到，他的才华方能发挥出来。贵人何来？从一个人努力打造的人脉圈里出来！

2001年11月16日，时任总统的小布什提名赖斯担任新一届的国务卿，以顶替前一日辞职的鲍威尔。赖斯接受了提名，于是她便成为美国历史上第一位女性非裔国务卿。

美国虽然是一个人人都有机会实现梦想的社会，但一位女性想要成为国务卿，即使是白人也很难做到，何况是一位黑人。显然，赖斯能登上如此高位，其个人必定能力出众、才华过人。但在美国，比赖斯能力和才华更出众的人非常多，为什么小布什会选择了她而不是别人？归根到底，起关键作用的，依然是人脉的力量。

赖斯出生于美国亚拉巴马州伯明翰市。从小她就在父母的培养下，建立了强大的自信心，树立了远大的志向。母亲经常这样教育赖斯："你要拥有这样的自信，即使我现在不能从伍尔沃斯连锁店获得一份汉堡包，但我总有一天会成为美国总统。"

青少年时代的赖斯，也有着和普通人一样的爱好：爱疯狂购物，爱穿艳丽的服装，爱用黄金珠宝来装饰自己，爱看足球比赛，热衷体育锻炼。在所有的爱好里，她最喜欢的是音乐。她3岁便开始学习弹钢琴，后来还获得过美国青少年钢琴大赛第一名。当时，赖斯的梦想是当一名职业钢琴家。然而，有一天当她听了一场以"斯大林时代与政治"为主题的讲座后，她便改变了自己的志向，决定弃乐从政。此后，她开始攻读政治学，并获得了博士学位。

当然，在刻苦攻读时她还懂得另一个道理：在美国政坛想出人头地实现自己的政治梦想，就必须建立起一个属于自己的高价值人脉圈，就一定要有贵人提携自己，否则很难成功，尤其像她这样出身于非裔家庭的女性。所以，在不断提升自身学识、能力的同时，赖斯也在积极打造自己的高价值人脉圈，主动去寻找自己生命中的贵人。

1995年，她前往得克萨斯州拜访美国前总统老布什。在那里，她第一次见到了后来也当上了美国总统的小布什。不过那时候，小布什刚刚当选德克萨斯州州长。那次见面，赖斯与小布什相谈甚欢，但那一次二人的话题并不是政治，而是体育。这两个人都喜欢体育。

赖斯和小布什的第二次见面是在1998年。当时的小布什已将目光瞄准了白宫。这两个人是在老布什位于缅因州的夏季度假别墅见面的。对于这次见面，赖斯后来回忆道："除了打网球，我们还常常出去划船，并坐在别墅后门廊上进行了多次聊天，话题是下一任美国总统将面临的外交政策。"后来，随着小布什当选为美国总统，赖斯的政治梦想也得以实现，并迅速当上了美国国务卿。

如果没有人脉与贵人提携，才华再高的人也很可能会怀才不遇。而一旦遇到了赏识自己才华与能力的贵人，我们很快就会拥有让自己的才华与能力的用武之地。如果没有人脉相助，你再有才华和能力，很可能也只是一分耕耘，一分收获；但如果有人脉的鼎力相助，你的才华和能力便能更好地施展，那么你很可能会一分耕耘，收益倍增。所以，一定要学会经营你的人脉，拓展你的圈子，让足以改变你命运的贵人出现在你面前，主动提携你，让你的才华和能力获得能充分发挥的平台，最终成就自己。

# 越早经营人脉，越早成就大事

我国现代女作家张爱玲说过："出名要趁早。"无论是谁，若想实现某个目标，达成某个愿望，让某个梦想成真，都要提早动身，赶紧行动。要知道，人生是一条单行线，岁月是不等人的，年龄过去了就是过去了，不可能再重来。

其实，不仅出名要趁早，很多事情也应该越早去做越好，例如经营人脉，拓展圈子，寻找贵人。如果你想借助人脉来帮助自己成就大事，那么你越早经营自己的人脉，就越能对你的事业有利。

艾迪就读的大学离自己的老家非常远。大学四年他都没有回过家，每年寒暑假他都会留在学校里打工。为什么他会这样做呢？一是因为他的家境很一般，为了不增加家里人的负担，他总是想办法打工赚钱养活自己；二是回家的路费太贵，如果家里没有什么急事，为了省钱，他会尽量不回家。

在大学里，他攻读的是证券专业。大学三年级后，他知道对于自己这样专业的学生来说，只有去纽约才能有更大的发展空间。而且纽约这样的大都市里，还有好多家著名的证券交易所，如果能在其中一家里面工作，简直是证券专业的毕业生梦寐以求的事情。

眼看还有一年就要毕业了，为了实现自己毕业后到纽约的某家证券交易所工作的目标，他开始想办法。艾迪想到，自己在这座城市里几乎没有人脉，平时除了和同学、老师有联系外，再也没有和其他人深交了。他决定改变自己，围绕着自己的事业目标去拓展人脉。

通过自己的努力"发掘"，他惊喜地发现，和他关系最好的那位同学就来自于纽约，而且该同学有一位远亲正好在纽约最大的证券交易所任职！

于是，艾迪请求那位同学向他的那位远亲引荐自己。当然，他也明白，要想进入那家公司，任何人都要参与公平的竞争，通过正规的招聘渠道才能实现。艾迪希望认识一个在证券行业任职的人，是因为他想从中学到一些实践经验，并且有可能的话，还可以被推荐到证券公司去实习。

大学三年级的学业结束了，接下来便是暑假。艾迪的那位同学答应了艾迪的请求，把他介绍给了自己的远亲。同学的远亲热情地帮助了艾迪。从此开始，艾迪利用一切机会向同学的那位远亲学习。同时，艾迪也总是积极主动地帮助对方做一些力所能及的事情。所以，双方相处得非常的融洽，并结成了好朋友。

当和同学的那位远亲建立起了无话不谈的友谊后，对方不但经常把最新的证券行业发展的趋势告诉艾迪，还为他引荐了一些重量级的证券从业人员。正是这些帮助，让艾迪在大学毕业后便顺利申请到了纽约一家知名证券公司的职位。而此时，艾迪的其他同学仍在辛苦忙碌地到处投递简历，为争取一个普通的职位四处奔波。

有一句话我们非常熟悉，叫"千万不要让自己的孩子输在了起跑线上"。其实，小孩子没能赢在起跑线上，也许对这个小孩子的未来影响还不是很大，但对于一个成年人来说，如果能在大学刚毕业时就起点比同龄人高，而且还能跑得比同龄人快，那么你就能比同龄人更早地成就一番事业。怎样才能做到这一点呢？要靠他人提前拉你一把。这个拉你一把的人，就是你的贵人。这个贵人来自哪里？正是来自于你的人脉圈里。

有人脉帮助你，你的成功就能像坐电梯到摩天大厦的顶层一样轻松；如果没有人脉帮助你，仅靠你自己的努力，你的成功就像爬楼梯到摩天大厦的顶层一样艰难。所以，请你马上开始积极拓展自己的人脉。这样，你的命运才能早一点儿产生逆转，你的成功才能早一点儿到来。

怎样才能更好地经营你的人脉，让帮助你的人越来越多，并且更早地遇到自己的贵人呢？除了通过朋友介绍的方式，常见的做法是，学会与陌生人打交道，用最快最好的方式化陌生人为熟人。

每天，我们都会与很多陌生人擦肩而过。当你与一个陌生人擦肩而过时，有没有想过，如果你能认识这个陌生人，其实就等于打通了一个陌生的人脉圈子？要知道，很多陌生人的背后，都存在着一个很大的人脉圈。而结交拥有高价值人脉圈的陌生人，更是一种拓展高价值人脉圈的快捷有效的方法。

怎样与陌生人打交道，才能化陌生人为熟人，将其高价值的人脉圈化为己有呢？所谓陌生人，其中"陌生"二字，指的其实是两个人的心理距离。人与人越陌生，心理距离越大。这种距离就像一堵冷墙，将人们隔开。如果你想跟一个陌生人成为挚交，首先必须学会推倒这堵又冷又硬的墙。其实，与陌生人打交道是一件让人很激动的事情。你不妨回忆一下上一个陌生人主动与你交谈时你内心的感受。是不是很激动？是的，无论主动认识别人还是被动与人相识，都让人激动且开心。

美国前总统富兰克林·罗斯福是结交陌生人、拓展人脉圈的高手。在还没有当上总统时，有一次他去参加宴会。在宴会上，他看到了许多自己不认识的人，于是便想，如果能把这些陌生人都变成自己的朋友，那将是一笔多么大的资源啊。

他略加思索，便想到了一个好办法。首先，他找到了自己熟悉的记者，从他们那里把自己想认识的人的姓名、情况打听清楚，然后主动走上前去叫出他们的名字，一边伸出手去，一边谈论起他们感兴趣的事情。结果，利用这个方法，他认识了会场上的很多大人物。后来，他经常运用这个方法，为自己以后竞选总统赢得了众多有力支持者。

在当今这个时代，能迅速有效地与陌生人结识，已经成为我们必备的一个社会生存技能。有人说，成功者与不成功者的一个显著区别，是成功者认识的高价值朋友比不成功者的要多得多。

　　成功者为什么能认识那么多高价值的朋友呢？因为他们非常乐于与陌生人打交道，而每一个陌生人背后都有一个全新的人脉圈，成功者认识的陌生人越多，连接到的全新的人脉圈越多，结果获得的助力就越多，因此就能越早地成就自己的事业。所以，从现在开始，学会经营自己的人脉吧。越早经营人脉，高价值人脉就越多，事业发展的机会就越多，成功就会来得越早。

# 想成功，请先进入成功者的圈子

古语有云，近朱者赤，近墨者黑。一个人选择了和什么样的朋友来往，就决定了自己将会拥有什么样的人生。如果你经常和勤奋的人在一起，你往往也会勤奋起来，因为你不好意思在勤奋的圈子里成为唯一懒惰的人；如果你经常和积极的人在一起，你肯定不容易变得消极；如果你能够与智者同行，你也会变得越来越有智慧；如果你整天让自己生活在一个成功者的圈子，那么你迟早也会成为一个成功者；如果你的好朋友都是亿万富翁，你也一定会成为亿万富翁。

一个人最大的不幸就是：身边没有积极进取之人，缺少远见卓识之友，整日与庸碌无为之人厮混。长此以往，这个人也会变得碌碌无为，甚至自甘堕落。一个人最大的幸运则是，让自己置身于优秀者的圈子里，让自己身边的人都是积极上进的人。如果自己的朋友里有很多都比自己优秀，那么自己也一定会努力上进，希望赶上这些优秀朋友的步伐。可见，优秀的朋友是良伴，是好书，更是激励我们不断进步的好老师。

在读高中期间，很多亲人和同学都认为凯文的情商不高，性格不好，脾气太差。但凯文的父亲并不这样认为，他觉得凯文只是还不成熟，以后他上了大学，多接受一些大学环境的熏陶，这些肯定都会有所改观。大家对此都持不以为然的态度。

当凯文考进了芝加哥大学后，在那里他结识了很多好朋友，其中有一位朋友，成为他一生中最好的朋友，而正是这位年龄比凯文稍大的学长，成为凯文命运的指导教师。

在大学里，凯文学习成绩还是很不错的。但他的性格和脾气刚开始并没有什么改观，还是经常容易冲动、焦躁，有时甚至会不计后果地发泄自己的愤怒。而那位学长却稳重成熟、颇有耐心。他一直照顾、指导、劝勉和鼓励凯文这位暴躁的学弟。同时，他总是想方设法阻止凯文去结交那些会带坏他的邪恶朋友，总是引导他积极进取、力争上游。

在学长的督促之下，凯文的思想和学业都得到了很大的提升。在大学期间，他的学习成绩一直名列前茅。后来，凯文还成为一名传教士，给予很多人无私的帮助。

一个人身处的人脉圈子，决定了他人生最终的位置。总是与优秀的人交往，你也会变得优秀起来；总是与富人交往，你也会变得富有起来；总是与成功的人交往，你也会逐渐迈向成功！

对于年轻人来说，无论是在生活里还是工作中，和谁在一起真的极其重要，因为你的朋友甚至可以改变你的成长轨迹，决定你的人生成败。你走进了什么样的圈子，最终就会成为什么样的人。

中国古人说得非常对："蓬生麻中，不扶而直；白沙在涅，与之俱黑。近贤则聪，近愚则聩。"如果你身处庸碌者的圈子，你就会变成这样的人：张口闭口是闲事，摸爬滚打赚工资，眼前只有一线天。如果你身处创业者的圈子，你就会成为这样的人：你来我往谈项目，冥思苦想赚利润，脑中想着下一年。如果你身处成功者的圈子，你就会成为这样的人：相互推介创机会，愉快合作赢财富，放眼未来是正事。如果你置身于智慧人士的圈子，你迟早能笑看风云论得失，霁月光风讲奉献，高情远致自富足。

想优秀，请一定要和优秀的人来往；想成功，请先进入成功者的圈子。然而，我们发现有不少人总喜欢跟比自己差的人交往。虽然，这样能让我们产生一种优越感，可是我们自身却也因此得不到什么成长与进步。

即使阿瑟·华卡还只是个穷苦少年，他也没放弃过出人头地的想法。有一天，他在一本杂志上看到了大企业家威廉·亚斯达的故事，他很想知道得再详细些，并希望能得到威廉·亚斯达的指点甚至提携。

于是，华卡去了纽约，也不管人家几点钟才开始办公，早上7点就来到亚斯达的公司。在第二间办公室里，华卡一眼就认出了眼前这位浓眉大眼、身材健硕的男子就是亚斯达，这让华卡兴奋不已。但是，亚斯达却觉得眼前的这个冒失少年有点令人讨厌。不过，当听到少年询问他"我很想知道，怎样才能赚到一百万美元"时，他的脸上露出了笑容。接下来，两个素未谋面的人竟然畅谈了一个多小时。最后，亚斯达还告诉华卡应该如何去拜访企业界的其他名人。

按照亚斯达的指点，华卡遍访了纽约的一流企业家、报纸杂志总编以及银行家。他得到的在赚钱方面的忠告，也许并不见得多么有效，但是能够得到成功者们的知遇，这让他信心倍增。从那时候起，他便用切实的行动，开始效仿那些人成功的做法。

当华卡20岁的时候，他已经拥有了一家自己的工厂；24岁时，他成了一家大型农业机械公司的总经理。当他如愿以偿地赚到一百万美元时，离他向亚斯达请教时的时间，只过去了6年多。再后来，华卡成为美国一家大银行的董事。

从他的回忆录可以看到，华卡终其一生都始终实践着他年轻时在纽约时学到的基本信条，这也是他成功的秘诀："多结交成功的人，能转换一个人的命运。"

多与成功的人来往，其实就是一种机会。要知道，与成功者为伍，多结交优秀的人，与那些比自己聪明、经验丰富的人交往，或多或少会令我们受到感染与鼓舞，从而促进我们主动要求成长与进步。另一方面，我们也可以通过他们开阔我们的视野，从他们的经历中受益，通过他们的成功学到宝贵的经验，透过他们的教训得到难能可贵的启发。

总之，如果你想成为聪明的人，就要和比你更聪明的人在一起，这样你才会变得更加睿智；如果你想变得更加优秀，就要和比你更卓越的人在一起，这样你才会更加出类拔萃；如果你想成为富有的人，就要和比你富有的人经常交往，这样你才会发家致富；如果你渴望成功，就要和已经成功的人来往，向他们学习，这样你能少走弯路，直达成功的彼岸。

# 公平交换，是经营人脉的首要法则

很多人都听说过《教父》这部好莱坞经典电影。这部电影主要讲述了以维托·唐·科莱昂为首的黑帮家族发展过程，以及维托·唐·科莱昂的小儿子迈克·科莱昂如何继任父亲，成为下一任"教父"的故事。

这部电影一开始，我们就能看到一个西装革履的殡仪馆老板站在科莱昂面前，讲述着自己的遭遇。原来，他的女儿被她新交的男朋友和另一个男人灌酒施暴。当他报警后，警察把那两个混蛋抓了起来，最后起诉到了法庭，法庭判了那两个混蛋有期徒刑三年，但却是缓刑！

殡仪馆老板觉得判决结果很不公平，心里很憋屈，便来到了这里向科莱昂寻求帮助，希望科莱昂能为他主持公道。殡仪馆老板甚至大方地表示，无论科莱昂开价多少，他都愿意掏钱，只要能让那两个混蛋得到应有的惩罚，他愿意付出任何代价。

但令人意外的是，科莱昂拒绝了他的要求。为什么会拒绝呢？原因在科莱昂的这段话里："我们相识多年，这是你第一次来找我帮忙。我都记不起来你上一次是什么时候请我到你家去喝咖啡了，何况我太太还是你女儿的教母。我开门见山地跟你说吧，你从来都不想要我的友谊，却又害怕欠我的人情！"

殡仪馆老板非常无奈地解释道："我怕卷入是非！"他只想过普通人的生活，如果自己与科莱昂家族深入来往，对自己全家来说，都风险太大。

当然，科莱昂也不是真的不为殡仪馆老板报仇。紧接着他就提出了自己真正想要的条件。只见科莱昂对殡仪馆老板说道："我理解你，你在美国发了财，生意做得很好，生活也过得很好。有法律保护你，你并不需要我这种朋友。但是，你现在来找我说，科莱昂阁下，请求你帮我主持公道。可你对我却一点儿尊重都没有，你并不把我当成朋友，你甚至不愿意喊我一声'教父'。"

电影进展到这里的时候，观众们恐怕已经明白，科莱昂并非拒绝为殡仪馆老板主持公道，而是他真正想要的东西，殡仪馆老板并没有给他。事实上，科莱昂虽然是黑手党，常常干违法的勾当，但他同时也是许多弱小平民的守护神。对科莱昂来说，从那些弱小者身上，他最想要得到的并不是金钱，而是尊重与爱戴。而这其实也是科莱昂家族发展的根基，科莱昂是那些弱小平民的守护神，反过来，这些弱小的平民也是科莱昂的支持者。

殡仪馆老板后来还是向科莱昂表达了自己对他的友谊与尊重。他亲吻了科莱昂的手，并恭敬地称呼其为"教父"。最后，科莱昂说了这样一句话："将来，我或许需要你的帮忙，也可能不会有那么一天。但在那一天到来之前，我先收下这份公道，来作为小女的结婚之礼。"那一天是科莱昂女儿结婚的日子。

当你想要某样东西时，请你先学会付出。就像农民种地，必须先播种，付出辛劳去照料打理，最终才能收获果实。与人交往也是如此，你希望别人给予你什么，你就应该先付出什么，而不是随随便便张开嘴就去向别人索取。

殡仪馆老板想要科莱昂为自己主持公道，就必须先付给科莱昂想要的东西：友谊与尊重。而科莱昂想要得到众人的支持与爱戴，也需要付出。他的付出，就是要去捍卫这些人的"正义"与"公理"。在现实生活中，很多人却想不明白这一点，总在抱怨别人对自己不好，却从不曾想过，自己又曾为别人做过什么。

在经营人脉过程中，我们更要懂得"付出与索取"的辩证关系。事实上，想要建立和维护好你的人脉资源，想要让你与他人之间的交往良性地发展下去，就必须讲究"公平交换"。切记，公平交换，是经营人脉的首要法则。无论是物质上还是感情上，都需要做到"公平交换"。例如感情。如果你希望别人对你付出真情实感，那么你也必须付出自己的真情实感。否则，再深厚的感情也会有枯竭的一天。又如利益。当你希望从他人手里获得利益时，你同样也要给予对方相同价值的利益，要知道，没有人真的甘愿无条件吃亏一辈子。

在生活和工作中，往往会有这样一种人，仗着自己对别人有点小恩小惠，就强迫别人不断报恩。这种人，一旦为你做了一点点事情，就会天天挂在嘴边，仿佛只要你稍微对不起他，你就成了忘恩负义、大奸大恶之徒似的。喜欢这样做的人，哪怕给他人施予了再多的恩惠，最终也只会与受惠者反目成仇。究其原因，就是因为这种人不知道在人际交往过程中也需要"公平交换"。

无论在任何国家与地区，无论是什么种族的人，施恩都是建立人际关系最直接也最有效的方法。在中国人的观念里，恩情更是非常值得重视的，故而常有"恩重如山""滴水之恩当涌泉相报"等说法。但值得注意的是，说法归说法，即使是"恩情"，也应讲求一个"对等性"，总不能你的"滴水之恩"，当真要让对方"涌泉相报"吧?

就像电影《教父》里的科莱昂，他希望殡仪馆老板以尊重和友谊来换取这次帮助，因此他拒绝了殡仪馆老板起初打算给他的钱。换言之，如果他接受了那笔钱，开出了一个价码，那么他就没有资格再去索取其他东西，因为这个价码和他所提供的帮助已经完成了一次"公平交换"。

总之，经营人脉资源过程中，一定要以"公平交换"为第一准则。当你受了别人的恩惠，或者别人获得了你给予的恩惠，滴水之恩滴水来报即可，否则容易让你辛辛苦苦经营起来的人脉资源流失掉。唯有建立在公平基础上的人际关系才能越来越融洽，直至持续永存。

# 渴前挖井：晴天留人情，雨天好借伞

曾看过这样一则寓言。有一天，黄蜂与鹧鸪都口渴了，便相约去找农夫要水喝，并许诺付给农夫丰厚的回报。鹧鸪向农夫保证，它可以替葡萄树松土，让葡萄长得更好，结出更多的果实；黄蜂跟农夫说，它可以看守葡萄园，一旦有人来偷葡萄，它就用自己的毒针刺过去。但农夫对它们的许诺都不感兴趣，他只问了它们一句："在你们还没有口渴的时候，怎么没想到要替我做事呢？"口不渴时，不知道替人做事；待到口渴了才想起人家来，人家又怎么一定会给你水喝呢？

炎炎夏日，你口渴难耐，便赶紧去打开冰箱门，准备喝一瓶饮料解解暑。没想到，你打开冰箱门才发现，里面所有的饮料都已经被你和你的家人喝光了。更让你郁闷的是，连冰箱里放的冰水也已经被喝光了。此刻，你无论是马上去超市买水还是烧一壶水然后再把水冰镇起来，都要花上挺长一段时间。这时候你是否想过，如果自己在冰箱中的冰水将完未完时，就提前买好水或者烧好开水冰镇在冰箱里，那么此刻口渴的你，已经能很惬意地喝着冰水了。

不知道你是否有过这种经历？反正《口渴之前先挖井》这本书的作者哈维·麦凯就有过类似的经历，并悟出了这样一条道理："有一天我可能会口渴，那时我就会需要一口井来打水喝，为了口渴的时候有水喝，现在我就要开始动手挖井了。"

口渴之前先挖井，未雨之前先绸缪。在某件事情还没有发生的时候就做好准备，这样即使困难突然来袭、危机骤然而至时，我们也能成竹在胸，不慌不忙地从容应对。

有这样一个女子，人缘极好，大家都愿意与她做朋友。因此她的朋友非常多，人脉资源非常丰富。当她有了困难需要解决时，有了事情需要别人帮忙时，不需要她开口去求，周围的人就会主动上门提供帮助。她为什么会有如此人缘？因为她一直以来都在用"渴前挖井"的思维来指导自己的人际交往，能做到随时随地主动帮助别人。她最常说的一句话是："晴天留人情，雨天好借伞。"

还有这样一个类似的故事，也值得我们琢磨一下。有个地方一位名叫张三的人，因为跟别人结了怨，所以非常烦恼。为了化解这段仇怨，他多次请本地的几位德高望重的大人物出来调解。然而，每次调解都以失败告终。

后来，他找到了外地的"交际通"李四来帮他化解这段仇怨。李四这位外地人很爽快就答应了张三的这个请求。李四答应了张三后，便马上亲自上门拜访张三的"敌家"，做了大量的说服工作，最后终于化干戈为玉帛，令双方和解。

按说，李四不负他人所托，解决了一个棘手难题，现在可以功成身退了。但李四是一位很懂得经营人脉资源的人，他并没有将本地的那几位德高望重的大人物抛在脑后。

李四将张三与"敌家"的矛盾化解了以后，还对张三的"敌家"语重心长地说："我知道这件事有好几位本地有名望的人士都参与过，可能出于某些原因事情并没有解决。这次我有幸，其实还是多亏兄弟您赏面子，让我了结了这件事。我在感谢您的同时，也在担心。因为我终究是外地人，在本地人出面都不能解决这个问题的情况下，由我这个外地人来完成了和解，未免让本地那些有名望的人感到有失颜面。"

他进一步说："我看，我还得请您帮我一次忙。从表面上您要做到让人以为我出面也没能解决问题，等我一离开此地，本地的几位名士过来，请您把面子给他们，算是他们完成的这一善举吧，拜托！"

张三的"敌家"答应了。最终的局面是皆大欢喜的。张三与"敌家"和解了，本地那几位德高望重的大人物的面子也找回来了。这位外地人李四还真是个处理关系经营人脉的高手，居然能把人际关系处理得如此恰当，把话说得如此滴水不漏。他这样做，使得与这件事有关的人，事后都非常尊敬和佩服他。

这时有人可能会问，李四为什么能化解掉张三和"敌家"的矛盾？原因就是李四有一位好朋友的"铁哥们"，跟张三的"敌家"关系非常要好。通过关系找关系，李四最终才得以解决掉这个难题。

为什么李四能有如此强大的人脉关系资源呢？因为他一直都有"渴前挖井"的意识，只要有机会就会主动地帮助别人，就像这次帮助张三化解矛盾也一样，本来与自己一点儿关系都没有的事儿，他都愿意帮忙。可见，李四很懂得"晴天留人情，雨天好借伞"的道理，所以总喜欢"渴前挖井"。

尽快培养"渴前挖井"的意识吧，在别人需要帮忙时，只要你能帮得上忙，无论你是否认识对方，都一定要尽力去帮；只要你认为对方未来可能能帮得上你，你就一定要想办法去结交。要知道，"晴天留人情，雨天才好借伞"，提前"挖好井"对你总是很有好处的。

# 冷庙烧热香，雪中多送炭

日本有这样一个人，和当时日本政界的所有高官都认识，甚至和其中的大部分人很熟悉，关系非常好。但这个人并不是政界人物，而只是一位商人。他能够和那么多高官成为好朋友，自然令很多人既羡慕又好奇。经常会有人问他这样的问题："您为什么会有这么大的本事，能有如此多的高官朋友？"

每次听到有人问自己这样的问题时，这个人都会先哈哈大笑，然后才回答道："如果我现在才去结识这些高官，我不可能攀得上那么多的大人物！我之所以能结交到这些大人物，是因为在他们还没有发迹甚至当官之前，我就已经认识他们了。那时候，他们都还默默无闻，同时他们也需要结交朋友，所以我和他们建立朋友关系就非常容易。另外，从那时候起我就一直都跟这些人保持着非常好的联系，所以才会有现在这么熟悉的。"

一个人一旦成为高官或者顶级人物，普通人想接触到他们都难，更别说想和他们做好朋友了。况且这时候的他们心里也很清楚，此时与他们结交的人，大都是有目的而来的，他们自然也会有所戒备。只有在他们还默默无闻甚至潦倒落魄时，你去和他做朋友，给予他关心和帮助，他才会真心和你做好朋友，甚至一辈子都把你当成好朋友。

这启示我们，在经营人脉资源时，我们一定要懂得多往冷庙烧热香，多做一些雪中送炭的事。人在落魄的时候，最需要别人的帮助；人在默默无闻的时候，最需要有人关心。在一个后来成为大人物的人还没有成功之前，就属于冷庙里的菩萨，太现实的人是不会去给他们"烧香"的。但另一方面，谁要是经常给他们这种"冷庙里的菩萨"多"烧点热香"，他们必定会铭记于心，待到他们有能力了，就一定会对你加倍报恩的。

在我国历史上，最懂得"冷庙烧热香，雪中多送炭"的人，应该是战国末期卫国的大商人吕不韦。吕不韦年轻时经常在东周列国做生意。有一天，他在赵国的都城邯郸遇到了被作为人质留在赵国的秦国王子异人。异人是秦昭襄王的太子安国君的儿子。安国君有20多个儿子，但都由一些姬妾所生。异人之母叫夏姬，很早就去世了。所以，秦赵两国互换人质时，异人才会被送到赵国。

但那段时期，秦国经常攻打赵国，所以赵王就经常把怒火发泄到异人身上。赵王不但经常想着法子地折磨异人，还把他软禁到丛台之上，由赵国大夫公孙乾负责昼夜监守。于是，可怜的异人，虽然是王子，却要过着无酒无肉无女人的生活。当吕不韦知道了这些情况后，立刻意识到对他来说这是一个千载难逢的好机会。他先是用重金收买了公孙乾，然后又结识了异人。逐渐地，吕不韦和异人还成为好朋友。

有一天，吕不韦悄悄为异人分析了他当下的处境。吕不韦说，异人的爷爷秦昭襄王已然年迈，他的父亲安国君是太子，迟早会当上秦王。他父亲接班成为秦王是板上钉钉的事。但他想将来接班他父亲成为秦王，难度非常大，机会很渺茫。因为他有20多位兄弟，他还排行中间，既不受当今秦王的宠幸，又长期被留在诸侯国当人质，想从那么多的兄弟里争到太子之位，几乎是不可能的。

异人听完吕不韦的分析后，长叹了一口气说，你说的这些情况我都知道，但我能怎么办呢？

吕不韦又为异人分析道，现在唯一对异人有利的是，安国君最宠爱的是华阳夫人，而华阳夫人并没有儿子。异人只需要想方法打动华阳夫人，然后让她认异人为干儿子，以后等安国君顺利接班成为秦王时，异人就能被立为太子了。

异人听完后大喜，但很快又消极地说，自己现在什么东西都没有，怎样才能让华阳夫人认自己为干儿子呢？

吕不韦马上答应异人说，自己愿意拿出千金来为异人西去秦国游说安国君和华阳夫人，让华阳夫人认你为儿子。异人一听大为感动，马上叩头拜谢道："如果您的计划能实现，我愿意与您共享秦国的土地！"于是，吕不韦拿出五百两黄金送给异人，作为他日常生活和交结朋友的开支。然后，他又拿出五百两黄金买了一批珍奇玩物，自己带着前去秦国游说华阳夫人。

到了秦国后，吕不韦先去拜见了华阳夫人的姐姐，以及华阳夫人的弟弟阳泉君，并送了很多好东西给他们。然后，吕不韦通过他们又送了很多好东西给华阳夫人，顺便说异人是如何的聪明贤能，他所结交的诸侯宾客则遍及天下。又说异人因为母亲死得早，所以特别思念父亲安国君和华阳夫人。华阳夫人听了之后非常高兴。

吕不韦趁机让华阳夫人的姐姐对华阳夫人说："用美色来侍奉别人的，一旦年老色衰，宠爱也就随之减少。现在您没有儿子，就要趁得宠时，找一个可以依靠的人认作儿子并立他为继承人。这样丈夫在世时能受到宠爱，丈夫去世后，自己立的儿子继位为王，您最终也不会失势。现在异人贤能孝顺，要是能提拔他为继承人，那么您一生都可以受到尊崇了。"

华阳夫人对姐姐的这一番话非常认同。于是，她找了一个合适的时机，委婉地对安国君谈到在赵国做人质的异人非常有才能，来往的人都称赞他，接着还哭着说："我现在没有儿子，希望能立异人为继承人，以便我日后能有个依靠。"安国君答应了华阳夫人的请求。

公元前257年，秦国大将王齮围攻邯郸，赵王大怒，想要杀死异人。异人和吕不韦闻讯马上秘密逃到了秦军大营，然后顺利回到了秦国。六年后，秦昭襄王去世，太子安国君继位为王，史称秦孝文王，华阳夫人为王后，异人为太子。

一年后，秦孝文王突发疾病去世，太子异人继位，史称秦庄襄王。庄襄王尊奉华阳夫人为华阳太后，并任命吕不韦为丞相。三年后，秦庄襄王异人也去世了，吕不韦于是扶持异人的大儿子嬴政即位。嬴政就是后来的秦始皇。但嬴政登基时只有13岁，所以朝政由吕不韦把持。这段时期，吕不韦的权势达到了顶峰。

为什么吕不韦能从一名商人，最后成为权倾朝野的政坛大人物呢？因为吕不韦选对了冷庙烧对了热香！在这个流传千古的"奇货可居"的故事里，吕不韦最成功之处有两点：第一点，他在异人落魄的时候，发现了异人奇货可居的价值；第二点，在华阳夫人最得宠时，他点明了她盛景下的危机，使她最终同意选异人做她的儿子。

从人脉经营与投资角度来看，多向冷庙烧热香，是最有效的投资。同样是一炷香，香火旺的庙里因为烧香的人太多，你去了也不过是众多香客之一，显不出诚意，神仙对你也不会有特别的好感。而到了香火冷的庙里就不一样了，这里平时门庭冷落，如果你很虔诚地去了，神仙当然对你特别在意，日后你有事自然会特别照应。

如果你想更好地经营自己的人脉资源，就一定要懂得"多向冷庙烧热香"和"雪中多送炭"。为此，你不妨从现在开始，多注意一下周围的人，看看有没有值得自己烧热香的"冷庙"，有没有值得你雪中送炭的人。如果有，请你千万不要错过他们！

## 谨慎择友，别让坏朋友害了你

《伊索寓言》里有这样一个故事：有一只常年住在某富人床铺上的虱子，吸血的动作非常缓慢而轻柔，所以富人一直都没有发现它。有一天，虱子的好朋友跳蚤前来拜访。虱子热情地招待了跳蚤，还主动向跳蚤介绍说："这个富人的血是香甜的，床铺是柔软的，今晚你一定要饱餐一顿！"跳蚤听得直流口水，恨不得天马上黑下来，好让富人回来睡觉，这样自己就可以喝到香甜的血了。

晚上，当富人睡熟之后，早已迫不及待的跳蚤立即跳到了他身上，狠狠地叮了一口。富人疼得大叫一声，然后从梦乡里醒了过来，愤怒地令人搜查。伶俐的跳蚤一下子就蹦走了，不会跳跃的虱子只好成了跳蚤这位不速之客的替罪羊，身死人手。临死前，它还搞不清楚引起这场灾祸的根源是什么。

这个寓言告诉我们，万一择友不慎，我们很容易成为无辜受难的"虱子"。因此，在选择朋友时一定要有自己的准则和底线，要尽可能选那些让你进步、对你有益的朋友，尽可能与那些热情乐观、积极进取、品格高尚的人交往。假如我们不慎交上了坏朋友，就应采取敬而远之的态度，绝不能让自己成为一只无辜受到连累的"虱子"。

雪儿是某家化妆品公司的业务员。由于业绩突出，与上司李姐的关系也非常好，所以在公司里过得很舒心。然而，她的这种舒心日子很快就被新来的业务员小美给扰乱了。小美嘴很甜，逢人只说好话，还处处讨好雪儿。于是，雪儿很快就和她成为好朋友，非常信任她，甚至自己非常重要的客户资料也让小美随意翻看。

有一次，雪儿在工作中出现了一个失误，李姐便对她进行了一番严厉的批评。雪儿出了门，便怒气冲冲地约小美一起去逛街。小美为了逗雪儿开心，便把李姐大骂了一通，还把李姐叫作"变态女人"，雪儿也跟着骂了几句。

然而，过了一段时间，雪儿发现自己的许多重要客户都不再跟自己联络了，便跑去调查。结果令雪儿震惊了，原来，自己的客户居然都转到了小美手里。雪儿生气地去找李姐告状，没想到李姐却冷淡地对她说："工作做不好也别只想着去抱怨别人啊！还有，以后有什么意见请当面跟我讲，犯不着背后骂人！"

听到了李姐的训斥，雪儿只好垂头丧气地走出了办公室。她想，这只能怨自己有眼无珠，把一个表面一套、背后一套的人认作了朋友，甚至还引为知己。三天后，雪儿主动辞职，离开了这家公司。

雪儿为什么要离开这家公司？因为她要主动远离那位心术不正、背后使坏的小美。这告诉了我们，结交朋友时，一定要带眼识人。切记，害人之心不可有，防人之心不可无。一个人如果把世界想得太美好，相信"天下无贼"，一定会在现实里跌得头破血流。"人无害虎心，虎有伤人意"，所以我们在堂堂正正做人的同时，还要多点防人之心。

小军是一位非常有上进心的年轻人，自从进入公司的营销部工作后，就一直非常努力，还创造出不少佳绩。最近，公司新来了一位的总经理，向董事会提出了人事改革方面的建议，并将他新官上任的第一把火烧到了营销部头上。很快，营销部从部长主管到员工，全都换成了新总经理的嫡系部队。最后，小军被调到调研部，成为一名分析员。

对于这一分配，小军怎么想也想不通，因为无论从工作态度还是业务能力上看，自己都不差啊。以前曾共过事的现任副总经理当时还私下里跟小军说过，要提拔小军当他的副手呢。可现在到底怎么了？自己究竟把谁得罪了？让他做梦也想不到的是，做出这个决定的正是他一直深信不疑的那位副总经理。而这位副总经理之所以把小军分配得远远的，是因为小军知道他太多的底细了，如果继续把小军留在身边，不容易为自己树立威信。

当然，小军在职场里的时间还不是太长，所以还没有见识过各种各样的人。其实在职场里，并不是所有的上司都能明辨是非、公私分明，不可能任何时候都包容你；也不要指望老板都是教育家，在你陷入困惑时会对你谆谆教导。很多时候，你要做的不是怨天尤人，而是适时亮出自己的绝技，让上司、老板对你刮目相看。

另外，还要注意方式方法，不要给上司造成太大的威胁。有的老板在没有发迹或有困难的时候，善用情感来笼络人心，可一旦渡过了难关，便会把知道他底细的人找借口开除掉或者"发配"得远远的。所以，你若不懂得加以防范又怎么行呢？

生活在这个世界上，我们必须与各种各样的人打交道，一定会与许多说不清的风险相遇。如果缺乏对自己负责的态度，和对内外风险的防范之心，就可能会造成自己在生命、财产、情感、事业等多方面的损失。如何保护自己，让自己的生命、事业等都得到必要的保证，这都是我们必须要重视起来并做好的事情。

我们反复让大家记住的"害人之心不可有，防人之心不可无"这句话，其实就充分地说明了对待他人的辩证关系：一方面，对待别人，不应该存有伤害之心；另一方面，当对别人没有足够了解时，需对他人有所防备，防备他人存有坑害我们的心。

"防人"，就是采取必要的防卫手段，让他人无法加害我们。这包括两层意思：一是防患于未然，预先觉察到潜在的危险，并采取相应的防范措施；二是一旦发现自己处于危险境地，就及时离开。总之，做人，要懂得保护自己。我们坚决不当恶人，不去害别人；但同时，我们也别被恶人伤害到，绝不成为恶人的牺牲品。

## 第六章

# 思利及人：
## 全方位"利他"的"队伍"未来最有竞争力

# 只利己不利他，容易成为"孤家寡人"

康书和潘迪是在马路上认识的。康书至今还记得自己大学快要毕业时，每天为了找一份满意的工作而奔波劳碌的辛苦。有一天，他又出去找工作。走着走着，他感觉很累，便在路边休息。这时，潘迪出现了。他看到康书手里拿着求职简历，便问道，同学，你正在找工作啊？康书说，是的。然后两个人便聊了起来，还聊得非常投缘。临分别时，两个人还互相交换了手机号码。

在前途有点迷茫的时候，有人主动跟自己聊天，康书感觉这是一件值得快乐的事情。虽然当时潘迪跟自己一样，都没有正式的工作。不过，一个星期以后，康书便在某报社找到了一份当编辑的工作。

从那天开始，康书和潘迪一直都在电话里联系着。对于这段"偶遇式"的友谊，康书还是看得很重的。然而，后来两人之间却出现了越来越大的矛盾与裂痕，原因是潘迪经常打电话到报社找康书，让康书帮他去做一些事情。

刚开始时，对于潘迪的每一次求助，康书帮忙了。但是，潘迪总是隔三岔五地找康书办事、借钱，康书实在有些招架不住了。于是，在潘迪无限制的"索取"之下，康书无奈地放弃了这段友谊。

站在旁观者的角度，康书无奈地与潘迪绝交，说明了潘迪为人处世有非常大的问题。这两个人从相交、相知到绝交，全都是潘迪的错。正是潘迪只利己不利他、一味索取从不付出的极度自私的行为，让二人的这段友谊迅速终结。

只索取不给予，只利己不利他，这样的人很容易招人讨厌，没有人愿意和这样的人打交道，最后这样的人一定会成为"孤家寡人"而且没有一个人愿意和他做朋友。

我们都知道，在当今这个社会，如果一个人变成了"孤家寡人"，长此以往，很可能会寸步难行，更别说想做成一件什么事了。所以，千万别让自己沦为只知利己不懂利他、只知索取不肯付出的人。

不想成为只知索取不懂给予的人，首先要学会独善其身，尽量不给他人添麻烦。换言之，遇到什么困难与麻烦时，先自己努力想办法解决，而不是动不动就去找他人帮助。一定要把借助人脉资源这个方法用到迫不得已的时候，用到刀刃上，用在关键时刻。

学会独善其身，其实也是帮助我们迈向成功的一种方法。只可惜，社会上有很多人都爱给别人添麻烦。他们甚至在遇到了稍为大一点的困难时，就要去麻烦别人来帮忙解决，结果就养成了依赖别人的习惯。虽然偶尔让亲人、朋友帮助自己也无可厚非，但如果你总是让人家帮助你，而你却很少甚至从来都不帮助对方，时间一长，亲人、朋友都会疏远你。

在经营人脉资源的时候，我们要学会换位思考，在考虑自己时，也尽量考虑一下别人，在利己的时候千万不要损害别人。当然，如果能既利己又利他，那是最好不过。在生活和工作中，如果你能够做到利他，经常做到"思利及人"，也就是在保证自己的利益时，也能保证他人的利益，那么愿意和你合作的人会越来越多。如果你从来不"利他"只"利己"，做不到"思利及人"，那么愿意和你合作的人会越来越少，甚至愿意和你来往的人都会越来越少。

无论是生活里还是工作中，我们都要学会换位思考，看看如果对方也做了你这样的事，你会有什么样的想法和反应。常言道，"事多故人离"。一个人如果没有意识到自己正扮演着"索取者"的角色，反而把自己的每一次"交换"都变成了

"不公平交换"，最终很可能使交换落空——因为谁都不喜欢"不公平交换"。

一旦你发现自己扮演的是"索取者"的角色时，一定要及时改错。如果你不想让周围的人讨厌你，就尽可能地不去麻烦别人，努力使自己成为一个独善其身的人。之后，你会发现自己也可以做成许多事情而不必要去依靠别人。长此以往，你将惊喜地看到，自己的事业发展得越来越顺利，人脉资源也越来越多。

在人与人的交往过程中，一个人只知道一味地向别人"索取"，这样的人肯定很快就不会有朋友了。除了这种人外，还有一种人也容易没有真正的朋友，那就是身上没有什么"可被利用的价值"的人。人际交往的首要原则，就是公平交换。如果你什么忙都帮不了别人，就相当于没有任何"可被利用的价值"，那么，很可能谁也不愿意和你做朋友。只有你身上的"可被利用的价值"越大，越能"利他"，愿意和你做朋友的人才会越多，同时，愿意帮助你，为你提供你特别需要的资源的人才会越多。

苏勇在刚开始从事高端产品销售时，业绩做得很不好。因为他一是没有什么人脉资源，二缺乏拓展人脉资源的有效经验。刚开始时，苏勇能想到的人脉资源就是自己过去的中学、大学同学。所以，他只好求助于他们。于是，他经常打电话给这些同学，向他们诉说自己的苦恼，希望他们帮助自己。

但他很快就发现，他的这些老同学虽然都真心实意地想帮他忙，只是他们也跟苏勇一样，要人脉没有人脉，要金钱没有金钱，心里是很想帮助苏勇，却又都心有余而力不足，所以除了给他安慰和鼓励外，还真的起不到什么实际作用。

万般无奈之下，苏勇想到了一个大胆的做法：学打高尔夫球，并借机结识那些高端人士。于是，他不惜花费自己微薄的工资，去参加汇聚了大量高端人士的高尔夫球俱乐部。因为他发现，自己的客户应当是处在中高档生活层次的人士，而自己平时接触的人大多都是基层普通人士，所以必须改变自己的人脉层次。

开始落实"高尔夫策略"后，他的办公场所实际上就相当于转移到了高尔夫球场。很快，他通过这一做法，结识了不少成功人士，他的销售业绩也逐渐好转了起来。

　　这时候，他还发现了一个有趣的现象：有些成功人士居然开始主动来找他了！当然，这些人士找他也是因为有求于他。主要目标有两个，其一是想通过他来认识另一个苏勇很熟悉的成功人士；其二是要委托苏勇帮助自己去办一件什么事情。

　　对于每一个主动来找自己帮忙的人，苏勇都会想方设法帮助对方做到。所以，苏勇的人脉质量、层次越来越高，关键是，他的销售业绩越来越好！其实说到底，苏勇和这些人都是一种既利己又利他的双赢关系，互相之间都有对方想要的东西，都能互相借得到力，所以关系就越来越牢固。可见，只利己不利他的人，很容易成为"孤家寡人"；既利己又利他的人，很容易和他人双赢，既不断成就自己，又帮助别人取得了成功，皆大欢喜。

# 待人如己：为别人着想就是为自己着想

相传，有个人一辈子都在积德行善，做了很多好事，在寿命将尽之时，上帝出现在了他面前，说他有足够的资格上天堂，现在就请跟着自己一起去天堂。没想到，这个人向上帝提出了一个请求。原来，这个人希望去参观一下天堂与地狱，以便做出比较，从而最终选择自己的归宿。

上帝首先带着他来到了魔鬼掌管的地狱。看到地狱的景象，他大吃一惊，简直不敢相信自己的眼睛。原来，他看到了地狱里这样的一幕：只见所有人都坐在酒桌旁，桌上摆满了各色美味佳肴，包括肉类、水果、蔬菜等。

但很快他就发现，这里竟然没有一张笑脸。坐在桌子旁边的人看起来都闷闷不乐，无精打采，且瘦得只剩皮包骨。原来，每个人左臂上都捆着一把叉，右臂上都捆着一把刀，刀叉都有一米多长的把手，使人们不能用它来帮助自己进食。所以，即使面前的餐桌上每一样食物都有，且就在手边，但每个人也还是吃不到，只能一直在挨饿。

接着，上帝带他来到了天堂。没想到，他在天堂里看到的景象居然跟地狱里看到的完全一样：同样的食物、刀、叉和那一米多长的把手。然而，天堂里的居民却都在唱歌、欢笑，每个人满面春风，神采飞扬。他觉得很奇怪，为什么情况相同，结果却会如此不同？为什么地狱里的人都在挨饿且可怜兮兮的，而天堂里的人却酒足饭饱而且很快乐呢。

当他走近去后，马上就找到了答案。原来，地狱里的每个人都是试图自己喂自己吃东西，可是一刀一叉，以及一米多长的把手是根本不可能允许他们把食物送到自己嘴里的。而在天堂里，每个人都主动地喂对面的人吃东西，同时也津津有味地吃着对面的人给自己喂过来的食物。主动喂别人食物，结果自己也能吃到丰盛的佳肴；主动去帮助别人，结果也是在帮助自己。

在现实生活中其实经常可以遇到"帮助别人其实就是在帮助自己，为别人着想就是为自己着想"这样的事情。这样的故事最后都会启示我们，利他就是利己，甚至通过利他，自己会收获更多的利。所以，我们要养成一种"待人如己"的意识与思维习惯。待人如己，就是"利他就是利己，助人就是助己"这句话意思的"浓缩"。

有很多真实的故事可以帮助我们理解何谓"待人如己"，例如这个故事。据说，经常在沙漠里行走的人都知道，在沙漠里很容易就会遇上风暴。为了在风暴过后不迷失方向，人们往往会自发地在自己行走的途中插上一截木头，并约定无论在什么情况下都要拔一拔那截木头，以免风暴把木条吹掉了，回来时找不到路线。

有一天，南斯和拉尔森结伴经过沙漠。走到半途时，他们遇到了风暴，被吹得东倒西歪。但是，南斯仍然要拔一拔那截木头。拉尔森劝他不要浪费时间，但他却说："我拔一拔，后面的人就能认得清路！"风暴过后，俩人惊奇地发现，小木头正在为他们指明一条道路，而这条路可以帮助他们顺利地走出沙漠。

南斯在风暴之中做出了正确的选择——无论风暴再大，也坚持拔一拔沿途的木头。结果他在间接帮助别人的时候，也拯救了自己。如果他真的如拉尔森所说的那样去做，为了节约时间，快一点离开，而不拔一拔那些木头，后果会怎么样呢？也许他们俩还是能走出沙漠，但后面的人却都会命断沙漠。还有一种可能是，他们俩再也走不出这个沙漠了。

可见，助人就是助己，利他就是利己。你帮助的人越多，你得到的也会越多。

反之，刻薄对待他人就是刻薄对待自己，损害他人利益就是在损害自己的利益。为了得到更多的助力，换来更多的人脉资源，我们一定要懂得"助人就是助己，利他就是利己"的道理，无论在生活还是工作中，都积极主动地帮助那些需要帮助的人。很多时候，也许你在帮助别人时，从来没有想过回报，然而当你总是在帮助别人时，你的回报将不请自来。

曾有媒体报道说，上海有个叫伊金明的人，从上大学二年级开始，就当起了"义务猎头"。从大二到大四的三年间，他联系过几十家企业，为400多名大学生介绍过工作，而这一切服务都是免费的。他为什么要这样做呢？伊金明解释说，有两个原因，第一个是希望在大学期间广交朋友，同时锻炼自己的人际沟通能力；第二个是，为毕业后自己创业打下坚实的人脉资源的基础。

为此，在进入大学二年级后，他就开始热衷于帮助同学们介绍兼职了。那时候的他发现，很多同学想打工却找不到兼职，而企业要招兼职也总是招不到人。于是，他开始尝试在双方之间做沟通，搭桥梁。通过一番努力，伊金明终于成功地帮助一家企业与几个想兼职的学生达成了兼职协议。有了第一次的成功，就会有第二次、第三次……到大学四年级时，他已经帮助几十家企业与几百名学生合作成功。

从大学二年级到四年级的两年多时间里，他大概为上海各大学的400多名学生介绍过兼职。为了给同学们介绍兼职，他有时候一天的手机话费就要花掉50元。对此，他倒是很看得开："企业与同学我两头都不收钱，还好我平时也在帮企业做一些项目，就用这个来贴补话费的损失了。"

到了大学四年级的时候，他更是每周的一大半时间都会花在为同学们介绍兼职这件事情上，兼职的项目主要有派送、促销、文秘、展会等，服务对象从市区高校到郊区大学城，从专科生到研究生甚至留学生。

尽管他从不拿"好处费"，但实际上收获也不少。用他的话来总结他的收获就是："比如在企业和兼职大学生之间做沟通工作，就是一个很大的锻炼。而这让我学会了很多人际沟通的技巧。"

除此之外，他也在为自己日后的创业做着越来越充分的准备。"我毕业后想自己开一家会展公司，帮企业策划会展宣传，并从校园里招聘兼职大学生，因为这些人脉资源都是现成的。"伊金明说。果然，那些他帮助介绍过工作的同学都纷纷表示，如果伊金明开公司需要招人，自己一定会第一个去报名。

如今，伊金明的会展公司已经创办起来了，且经营得红红火火。为什么他的创业会比很多人顺利呢？因为有一批企业和人才愿意主动地帮助他。而这些企业和人才，都是他大学期间当"义务猎头"时结识下来的，是他一辈子都可以借助的人脉资源。

事情往往就是这样，你为别人着想，别人就会为你着想；你重视别人的利益，别人就会重视你的利益。如果你也想在未来做出一番大事业，就请从现在开始，积累各种以后一定会用到的资源。这些资源里，最关键的就是人脉资源。人脉资源怎么样才能最有效地积累起来？靠的就是"待人如己，思利及人"！

郑板桥说过："为人处，即是为己处。"翻译成白话文就是："为别人着想，就是为自己着想。"你经常为别人着想吗？如果是的，那么你未来一定能成就一番事业，因为你会有越来越多的助力与可以供你利用的资源；如果不是，那么请你现在就开始改变自己。

## 思利及人：懂得分享利益的人处处有助力

唐代大书法家颜真卿在《争座位帖》中有这样的名句："修身岂为名传世，作事惟思利及人。"其中"思利及人"足以作为我们经营人脉资源的关键原则。"思利及人"的意思是：人总是希望为自己争取利益，然而利益的获得是有条件的，当一个人给别人带来好处的时候，他自己也能得到利益。越是懂得"思利及人"并在经营事业过程中切切实实地做到，越能把事业迅速地做起来，并且做强做大。

香港恒基集团主席李兆基是"香港十大亿万富豪"之一，财富一度仅次于"华人首富"李嘉诚。纵观他的成功史我们发现，他之所以能成为亿万富豪，与他非常善于经营与借力有着重要的关系。同时他也是非常懂得并总能做到"思利及人"的一个人。

1988年的一天，恒基集团建筑部经理向老板李兆基汇报说，承接恒基集团一项工程的承包商要求他们补发一笔酬金，但遭到了建筑部的拒绝。

李兆基便问经理，为什么那个承包商会出尔反尔，肯定有他的原因吧？建筑部经理回答说，是的，对方说他们当初落标时计算错了数字，结果到现在要结账了，他们才发现自己做了一单亏本的生意。

这次承包合作是签了合同的，有法律保障，所以恒基集团大可不必对此进行处理。但李兆基却认为，现在香港经济发展势头很不错，大家都赚到了钱，唯独他吃了亏，也是挺可怜的。法律不外乎人情，承包商是我们的长期合作伙伴，反正这个地产项目我们已经赚到了钱，就补回那笔钱给他吧，皆大欢喜岂不是更好？

李兆基的这一做法，就是典型的思利及人。事实上，所有能够白手起家最终成为超级亿万富豪的人，往往都是懂得思利及人、乐于分享的人。李兆基是典型的代表。凡是与李兆基合作过的人都会对他树起大拇指，称赞他是一个非常难得的合作伙伴；凡是给李兆基打过工的人都对他赞不绝口，认为他是最照顾员工利益的好老板。

为了能让同事们精诚合作，李兆基总是提供给几位得力助手一些机会，让他们注股于一些十拿九稳的房地产项目上，让他们能赚到比薪金多数倍的利润。想办法让同事们分享到业务的盈利，感受到做生意的乐趣，从而极大地提升团队的士气与战斗力，这是李兆基的一贯做法。

有一次，李兆基拿出某房地产项目15%的股权来让自己身边5位工作特别卖力的好下属参与进来，成为股东。结果，其中有一个人没有那么多钱，只好把股份放弃掉了2%，参与了自己力所能及的1%。

李兆基知道了这件事，在了解了原委之后，便对他说："我有机会赚1万元，就希望你们都能赚到100元。这样吧，我从我在这个房地产项目里所占的股份里划出2%送给你，股本暂时算是你欠我的，将来赚到了钱，你再偿还给我吧！"

就这样，在这个项目上，大家都赚到了钱，而且都赚到了一样多的钱。对于李兆基来说，这其实也是一种本小利大的做法，因为他付出一点点钱，却赢来了团队的一团和气，皆大欢喜，从而让大家愉快地合作，工作都特别卖力，最终的绩效非常喜人。

事实上，对于公司里的下属，李兆基总能善用人情，巧妙关怀，扶危济急，从而赢得了员工们的一片忠心和无限感激，进而帮助他的企业越办越好，令他的事业蒸蒸日上。所以，他后来能成为香港名列前茅的超级富豪。

无数事实证明，不懂得分享利益，总想着占别人便宜的人，永远也做不成事业。相反，能思利及人，懂得和他人分享的人，事业会越做越大，财富将越来越多。

你有一个苹果，分享半个给别人，对方一个雪梨，分享半个给你，结果你们俩既能吃到苹果又能吃到雪梨；你有一种全新的思想，对方也有一种全新的思想，双方一交流，每个人就都拥有了两种全新的思想；你有一份人脉资源，他也有一份人脉资源，你和他相互分享，结果就各自都拥有了两份人脉资源。

对于前两种分享，相信绝大多数人都愿意去做。但分享自己手中的人脉资源，也许有些人就不愿意了。因为对于有些行业来说，人脉资源代表着实实在在的利益，关系着业务的成败。有些人习惯于保守自己的人脉资源，生怕会被别人抢走。这种情况在销售行业尤为常见。因为对销售员来说，一旦客户资源被人抢走，自己的业绩将受到极大的影响。难道就不能通过分享双方的人脉资源，来共同发展吗？有些人认为不太可能。但也有人通过"思利及人"，主动与同行互相交换人脉资源，最终成为销售冠军。

曾被美国媒体称为"国际销售界的传奇冠军""世界吉尼斯纪录房地产销售最高纪录的保持者"的世界顶级销售大师汤姆·霍普金斯，在其出版的著作中，就不止一次地建议过销售员，一定要与同行、自己的团队互相交换人脉资源。

他是这样写的："要选择一些能干的销售员和你做交换。交换包括两个内容，一是交换客户名单，二是相互介绍顾客。"

当你愿意与他人分享人脉资源时，大家就都能看到你愿意付出的态度，然后就会觉得你是一个愿意思利及人的人，所以都会愿意与你做朋友。而当你愿意与他人分享你的资源时，你的资源也会迅速增多。

凤凰卫视董事局主席刘长乐就从来不"保守"自己的人脉资源。凤凰卫视公关部总监王多多就曾说过："在创业之初，刘老板会把自己很多的人脉资源交给我们，让我们去推广、发展。他总是强调，我们做事要讲求合作、追求双赢。"

刘长乐待人非常真诚，很讲信誉，所以被朋友们看作是一个极具人格魅力的人。在刘长乐的带动下，凤凰卫视上上下下都成了思利及人、乐于与他人分享人脉资源的人。真诚地分享自己的人脉资源的做法，也反过来为刘长乐自己的人脉资源带来了无法比拟的深度与广度，帮助他在华人世界甚至全球确立了非凡的影响力与号召力。

分享人脉资源，本质上就是在分享利益。习惯于分享利益的人，总能处处有助力。相互交换人脉资源，其实并不是单方面的付出，而是互相付出，互相收获。正如前面说的，你分享你的人脉资源给我，我分享我的人脉资源给你，我们就都拥有了两份人脉资源。站在利益的角度，就是我们都拥有了两份利益。

在我们的生活和工作中，除了人脉资源，还有很多方面可以"思利及人"，值得我们主动去分享我们的利益。相信很多人都有这方面的经历与心得。总之，能够思利及人，懂得分享利益，无论你做什么，都一定能处处有助力，时时有人缘。所以，想成就一番事业的你，一定要让自己尽早成为能"思利及人"的人。

## 互惠互利：找到你与他人的利益共同点

有位果农培育出了一种皮薄、肉厚、汁甜、虫害少的新水果。由于水果好吃，所以销路很好。很快果农的水果便销售一空。又由于只有他才种出了这种水果，所以他赚了很多钱。榜样的力量是无穷的。邻居们看到他通过种这种果树赚了大钱，也都想去栽种，让自己也跟着发家致富。于是，邻居们纷纷到果农那里去购买他培养出来的新水果的种子。

但果农拒绝了邻居们的请求。他认为物以稀为贵，要是大家都来种植这种水果，将来肯定会影响自己产品的销路。他要独享这种水果给自己带来的财富与喜悦。邻居们没有办法，只好去别的地方购买种子。

令果农没想到的是，第二年到了这种水果快要成熟时，他发现这些水果的质量下降得非常厉害。结果等水果成熟后，没有一个果贩愿意买他的这种水果。最后，他只好用极低的价格处理了这一年的果实。

同一块土地、同一种种子、同样的气候与温度、施用同样的肥料，却得到了两种质量差别极大的果实，为什么会这样呢？他想破了脑袋也没能想到原因。最后，他只好去向水果种植、培育方面的专家请教。

专家告诉他，由于他的果园附近都种了同类旧品种的果树，只有他的是改良品种，所以在开花时经由蜜蜂、蝴蝶和风的传媒，令他的品种和旧品种杂交了，以至于他的果子都变质了，最后水果变得不好吃，还品相很差。

果农知道了问题产生的原因后，连忙问专家："那我该怎么办呢？请您帮帮我！"

"很好办啊！将你的好品种分给大家，一起来种不就好了吗？"专家说道。果农回去以后，马上按照专家的建议去办，把自己水果的种子都分给了邻居们去种植。

时间过得很快，又到了新的一年的水果收获季。这一年，四村八寨的果农都收获了质量很好的水果，而这位果农呢？除了种植该水果外，他还开了一个水果加工厂，然后把大家的水果都收购了起来。经过加工之后的水果再销往全国各地时，又让这位果农赚到了更多的钱。

以前，这位果农以为能独享财富，却没想到会独享得那么短暂，甚至还差一点给自己的果园带来了毁灭性的后果。而当他把品种分享出来让大家都一起栽种后，既帮助其他人获得了财富，又让自己收获了更多的财富，真是一件互惠互利的双赢之举啊。

其实，当你能够做到思利及人、互惠互利时，你的收获会更多，影响力会更大，尊敬你的人会更多。这其实就是我们常说的"双赢"。什么是双赢？简单说就是，双方都能得到好处，大家都能尝到甜头。例如，大海里的某些小鱼专门替某些大鱼清理身上的微生物，所以大鱼从不吞吃它们；而待在大鱼身边，小鱼也能免受其他鱼类和水下动物的攻击。于是，大鱼和小鱼在不经意间实现了双赢。为什么它们能互惠互利呢？因为找到了利益共同点。

春秋时期，吴越两国经常打仗，从而令两国老百姓也都将对方视为仇人。有一次，两国的人恰巧共同坐一艘船渡河。他们在船上互相瞪着对方，一副要打架的样子。但是船开到河中心时，河面上突然刮起了大风。风越刮越大，眼见船就要翻了，为了保住性命，他们顾不得彼此的仇恨，而是选择了互相救助。每个人都使出了浑身的劲儿，最终大家合力稳定住了船身，安全到达了河对岸。他们暂时放下恩怨合作，结果实现了双赢。之所以能合作，是因为他们在极短的时间里找到了双方的利益共同点：都想活命。

双赢，是把生活看作一个互惠互利合作的舞台，而不是有你无我、你死我活的角斗场。双赢能够在帮助别人的同时，接受别人的帮助，双方最终获得独自奋战时所不能拥有的东西。理解好了双赢的真正含义，你必定能通过成就别人而更好地成就你自己。

人类社会是建立在利益和利益关系的基础之上的，而互惠互利是人际交往的一个基本原则。人与人为什么会交往？虽然每个人的具体动机各不相同，但最基本的动机都是一样的，那就是为了从交往对象那里获得自己的某些需求。事实上，人际交往中的互惠互利原则也是合乎我们社会的道德规范的。总之，交往双方的需求和需求的满足必须保持平衡。否则，人际交往就会中断。要使双方需求平衡、利益均等，就一定要学会找到双方的利益共同点，这样才能让合作越发稳定下去。

俗话说得好，"无利不起早"。绝大多数人都有"趋利避害"的本性。如果你在与他人交往、合作的时候，让对方知道他能得到与你相同的利益，他就会很主动地与你交往；如果他知道自己将得到的利益比你的还多，他就会积极地与你建立"生死同盟"，并废寝忘食地付出。要达成上述的效果，就必须懂得互惠互利，找出你与他人的利益共同点，让对方知道你与其利益是一致的。

有一家企业经营得很不好，已经连续亏损了好几个月，所以员工们已经连续好几个月只能领到基本工资。当员工们向老板提出抗议时，老板对他们说："诸位，你们希望公司倒闭吗？如果公司垮了，大家一分钱工资也拿不到了。我也不希望公司倒闭。我与你们有着共同的利益，公司倒闭了对你们、对我都没有好处。如今我们只有团结一致，共同渡过难关。企业保住了，大家才都有饭吃；公司赚钱了，大家才能领到更多的薪水。"

员工们听了老板的话后，感觉到老板与自己有着共同的利益关系，纷纷觉得只有企业办好了，赚钱了，自己的工资收入才会提高。于是，员工们从此齐心协力，努力工作，把企业搞得有声有色。当公司赚到了钱后，员工们都获得了可观的薪水与优厚的福利待遇。

　　无论什么样的合作，如果只有一方占便宜、其他人都吃亏，这个合作一定不会长久。唯有互惠互利的合作，才是没有输家的合作，才能真正保证合作的双方互利共赢。怎样保证双赢呢？能够形成双方的利益共同点，让对方感觉到你与他的利益是一致的，这样对方就会主动配合你，甚至比你还要卖力地想把共同的目标实现。在这个世界上，所有人都会为了维护自己的利益而主动去努力。而互惠互利，则会让双方都成为最后的赢家。

## 善用同理心：学会换位思考，关注对方感受

从前，有一位叫作姜太公的智者，用一个直钩钓到了一条尾巴奇大无比的"鱼"，让他享用了一生。当然，如你所知，姜太公"钓鱼"靠的其实不是真实的鱼钩，鱼钩只是他借以掩饰的工具，他要钓的也不是河里的鱼，而是人心，一位识他之才的大人物的心。因此，他才会天天坐在渭水河边，静候"大鱼"的到来。后来，周文王路过渭水，被姜太公这位直钩的钓者吸引住了，从而心甘情愿地成为姜太公直钩上的"大鱼"。从此，历史上便有了这样一句著名的俗语："姜太公钓鱼，愿者上钩。"

世界上那些特别厉害的钓者都懂得这样的道理：能想鱼之所想，急鱼之所急，鱼就会心甘情愿地上钩。高明的钓者都懂得针对对象的喜好，然后投其所好，一举将鱼儿钓到；愚蠢的钓者，常常不是想鱼之所想，而是思己之所思，他不拿鱼儿喜欢吃的食物做钓饵，而是将自己喜欢的食物做钓饵，一点儿也没有考虑到鱼儿的喜恶、感受。这样的人居然也想钓到鱼？简单是痴心妄想，白日做梦。

有句话说得妙："你要想钓鱼，就要像鱼一样思考。"鱼的心理，你一览无余；鱼的目的，你无不深知；鱼的需要，你无不满足；鱼的弱点，你紧紧把握……这样的你，还担心钓不上来鱼吗？当然不用担心，因为你已经通过"同理心"，看

透了鱼的优缺点，掌控住了鱼的欲求。在与他人打交道的过程中，如果你也能够运用"同理心"，也同样可以像姜太公那样，"钓"到你最想"钓"的"大鱼"。

什么是同理心呢？其实就是站在对方的立场和角度去思考问题，关注对方的感受，看清对方最核心的利益诉求。而只有善用同理心，你才能明白你欲交往对象的所思所想、所欲所望，才能找出与之交往的切入点，才能深入认识，最终成为朋友，实现双赢。

在美国很有影响力的演说家、商业广播讲座著名撰稿人托尼·亚历山德拉博士曾说过这样一句话："在人际交往中要想成功，首先你一定要了解对方的心理、对方的需求，然后在合法条件下满足对方的需求，遵从他们的意愿行事。"

这句话后来被人们称作人际交往的白金法则，并影响了无数人的行为习惯。这条法则的重点在哪里呢？重点是建议我们以他人利益为重，用对方认为最好的方式去对待他们。记住，是对方，而不是我们！

这种方法跟我们刚才提过的"要想钓到鱼，就要像鱼一样思考"的法则有着异曲同工之妙。打个比方，我们在钓鱼时，一定要以鱼喜欢的食物作为诱饵，这样才能钓到鱼，如果我们不是把鱼喜欢的食物作为诱饵，而是将我们人类喜欢的食物如一根香蕉、半打汽水作为诱饵，又怎么可能钓到鱼呢？

白金法则的精髓是："别人希望你怎样对待他们，你就怎样对待他们。"这就要求我们要从研究别人的心理和需求出发，根据对方的需要调整我们的行为。只要你以对方为重心，想对方所想，急对方所急，你一定能迅速征服对方，获得对方的助力。如果同理心和白金法则运用得好，你甚至能彻底改变自己的命运。

"一战"结束时，德国皇帝威廉为了保全自己的性命逃到了荷兰。但当时全荷兰的老百姓都对他恨之入骨，有不少人想把他找出来，然后碎尸万段，或者活活烧死。但当时却有一个小男孩写了一封简单而诚挚的信，还寄到了威廉的手上。信上是这样说的："不管别人怎么样，我永远只喜欢威廉当我的皇帝。"

这封信让威廉内心非常感动，于是他邀请小男孩来自己家做客。小男孩在自己母亲的陪同下，去见到了威廉。一段时间以后，这位德国皇帝居然和小男孩已经独身好几年的母亲结了婚。

这个故事告诉我们：每个人都有一种本能的需要，需要别人关心他，支持他，对他感兴趣。如果你能对别人感兴趣，了解到别人的最大需求，那么对方即使高贵得如德国皇帝，而你只是一个如故事中的小男孩般的普通人，你们也能成为好朋友。甚至，德国皇帝把小男孩的母亲也娶了，从而使小男孩未来的命运获得彻底的改变。

如果懂得关注别人的需求、对别人真正感兴趣，那么，即使你是小孩子，也同样会得到皇帝的心。而一个只关心自己、对别人和对外界没有好奇心的人，即使有再好的机会出现，也可能与机会擦身而过。

奥地利著名心理学家亚佛·亚德勒在其著作《人生对你的意识》里说道："不对别人感兴趣的人，他一生中的困难最多，对别人的伤害也最大。所有人类的失败，都出自于这种人。"

曾任哈佛大学校长的查尔斯·伊里特博士是一位杰出的校长，他就是一位总能对别人很尊重、很感兴趣的人。有一天，一个名叫克兰顿的哈佛新生来到校长室，向学校申请一笔学生贷款。他的申请被当场获准。他对此感激不已，然后向伊里特表示了感谢。

随后，他正要离开时，伊里特问他："有时间吗？请再坐一会儿。"克兰顿点了点头。然后校长跟他说道："你在自己的房间里亲手做饭吃，是吗？我上大学时也做过。我做过牛肉狮子头，你做过没有？要是煮得很烂，那可是一道很好吃的菜呢！"接下来，他又详细地告诉克兰顿怎样挑选牛肉，怎么样用文火焖煮，怎么样切碎，然后放冷了再吃。"你吃的东西必须有足够的分量才行，孩子！"伊里特校长最后说。

你发现了没有，伊里特真是一位了不起的校长，也是一位很受大家喜欢的校长！试想，一位对自己如此熟悉和关心的校长，克兰顿怎么会不喜欢呢？能对一位普通的学生了解到这种程度，这位校长是了不起的。

当你与他人交往时，如果善于运用"同理心"，懂得换位思考，关注对方的感受，就必定能更好地与对方互惠互利，找到利益的共同点。其实，能够思利及人的人，同样很懂同理心，所以才能够更好地通过利他而利己。所以，请学会换位思考，主动关注对方的感受和需求，用同理心帮助你与合作得更好。

# 把亏吃在明处，是一项很好的"投资"

在华人世界里，奉行"吃亏是福"哲学的人非常多。所谓"吃亏是福"，其实是一个利益交换等式。吃亏者并不希望自己的利益白白受损，而是希望用"吃亏"换来"福"。至于是什么样的"福"，就见仁见智了。

事实上，真正意义的"吃亏是福"，是以眼前利益的暂时损失为代价去换取长远的利益。如果没有考虑任何回报就胡乱地付出，这叫作吃傻亏。帮助了别人，却让自己遭受了很大的损失，是很不划算的。帮助了别人后，即使获得不了物质利益上的好处，至少也要让自己获得心情上的愉悦啊。如果帮助了别人后，自己的心情变坏了，那还不如不帮忙呢。正因为如此，有位智者就指点我们说："把亏吃在明处，才是真的有福。"

亏，要吃在明处，至少你应该让受益方心里有数。切记，只有明明白白地吃亏，让对方知道你是主动地吃亏，从而认同你的吃亏，感谢你的吃亏，这样你才有可能换取到对方的"知恩图报"。

吃亏吃在明处，就是要理性地吃亏，从吃亏中获得长远的利益。常言道："好汉要吃眼前亏。"因为眼前亏不吃，往后可能要吃更大的亏。"吃眼前亏"的目的是换来其他的利益，或者是为了自己更长远的利益做打算。

有位商人做生意做得非常成功，所以慕名而来向他请教的人非常多。有一天，一位年轻人也前来向他请教。这位商人刚开始时并没有说什么，而是拿出了三块大小不一的西瓜，摆到了年轻人的面前。然后，他问年轻人："如果每块西瓜代表一定程度的利益，你会选择哪一块？"

年轻人毫不犹豫地选择了最大的那一块。商人微微一笑，然后又说道："那好，请吧！"他把那块最大的西瓜递给了年轻人，自己则吃起了最小的那块。只见商人很快就把最小的那块西瓜吃完了。随后，他又拿起了桌上最后那块西瓜，然后大口地吃了起来。商人的选择让年轻人突然有了感悟：商人吃的西瓜虽然没有自己的西瓜大，却比自己吃得要多。如果每块西瓜代表一定程度的利益，那么商人占有的利益无疑要比自己多。

吃完西瓜后，商人对年轻人说道："要想成功，就要学会选择，懂得放弃。知道什么时候该吃亏，如何去吃亏，这样你才能获取长远的更大的利益，这就是我的成功之道。"商人的这段话启示我们，吃亏是福，而且要善于吃亏。懂得把亏吃在明处，就一定会有很多的人愿意来和我们合作，帮助我们成就事业。

曾多年荣登"华人首富"宝座的李嘉诚就非常懂得"把亏吃在明处"、通过舍弃小利赢大利的道理。李嘉诚曾是香港十多家企业的董事长或董事，每年都可以从每一家公司里领到或多或少的袍金（袍金，即董事为公司工作的报酬，包括薪金、佣金、花红、车马费等），但他总是把所有的袍金都归入到长实公司的账上，自己全年只拿5000港元。以20世纪80年代的经济水平，像长实系这样盈利状况甚佳的大公司的主席袍金，一家公司就该有数百万港元。5000港元还及不上公司里一名清洁工的年薪。进入20世纪90年代后，袍金更递增到了1000万港元上下，但李嘉诚坚持了20多年的袍金处理方式依旧维持不变。

每年放弃上千万元袍金的李嘉诚却获得了公司众股东的一致好感，爱屋及乌，他们自然也更信任长实系的股票了。甚至，当李嘉诚购入其他公司的股票时，那些投资者也都会紧随其后。李嘉诚是长实系的大股东，当长实系的股票被抬高后，长实股值大增，得大利的还是李嘉诚本人。而总是愿意吃亏却又懂得把亏吃在明处的李嘉诚，每次想借助公司的力量去办成什么大事时，总会很容易便得到股东大会的通过。于是，吃亏是福、把亏吃在明处的好处便体现出来了。

当有人问到李嘉诚的二儿子李泽楷"你父亲在生意上都传授了你哪些秘诀"这样的问题时，李泽楷的回答是，其实他父亲并没有传授给他什么赚钱的秘诀，只教了他一些为人处世的道理。例如，李嘉诚曾对他说，在与别人合作时，假如拿7分合理，8分也可以，那么自己拿6分即可。

为什么要这样做呢？其实很容易明白，虽然他只拿了6分，但是这样做以后，就会有更多的人前来找他合作，因为与他合作可以拿到更多。于是，本来只有一个合作对象的他，现在变成了有100个人前来找他合作。也就是说，李嘉诚拿了100个6分！假如拿8分的话，100个人就会变成5个人，剩余的95个人就会跑掉，不愿意和他合作了，结果他就只能赚5个人的8分。孰亏孰赚，一目了然。

由此可见，李嘉诚的做法是非常高明的，他真是一位善于吃亏、懂得什么叫"吃亏是福"的人。正因为他善于"把亏吃在明处"，因此他所吃的亏，都能为他带来好处。表面上看，他是吃亏了，但他争取到了更多人的心，让别人觉得这个人很值得信赖、合作。于是，那些赚钱的生意就源源不断地主动来找他。他的事业自然会做得越来越大，最后甚至成为"香港首富""世界华人首富"。

什么叫"吃亏是福"？为什么"把亏吃在明处"值得提倡？李嘉诚用一辈子的成功告诉了我们答案。李嘉诚对"把亏吃在明处"的理解和做法，其实就是小利不取，大利不放，或者说是以小利为诱饵钓大鱼。在人生里，到底是只看到眼前的比较直接的"小利益"，还是能把眼光放长远一些，发现更大但可能比较隐蔽的"大利益"呢？选择权就在每个人的手上。

# 越有"利他"的价值，越有竞争力

　　安东尼是美国一家知名钟表代理公司的品牌推广经理。但在两年前，他还是一家规模不大的公司的市场部副经理。后来，现在的老板主动找到了他，诚邀他去现在这家钟表代理公司工作。更令安东尼意外的是，在他还没有正式成为现在公司的一员时，老板就送给了他一块市值20万美元的手表，当作是送给他的员工福利。

　　安东尼的朋友和同事知道了这些后，都很羡慕他能得到这样的好职位和这样的好福利。但安东尼却说，获得这样的工作机会，连他自己都觉得很意外。

　　为什么这家著名钟表代理公司的老板会看中安东尼呢？原来，现在这位老板曾经是安东尼的一位客户。由于安东尼工作能力非常出色，所以深受他的赏识。因此，当公司有职位空缺时，老板便将安东尼列为候选人之一。可以说，要不是因为安东尼平时注重提高自己的工作能力与服务水平，努力打造自己的可被利用的价值，肯定不会被现在的老板看中，自然也就得不到这个机会。

　　很多人都希望自己能得到贵人的提携和帮助，从而为自己赢得出人头地的机会。然而，贵人不会无缘无故地青睐你，你身上必须具有能引起贵人重视的能力或资源才行。所谓的能力与资源，说白了就是一个人身上的"可被利用的价值"，或者说是"利他的价值"。

如果你一直没有被别人重视，总是得不到机会，你就要扪心自问一下这样的问题了："我对别人有用吗？"如果你无法被别人利用，就说明你不具备利他的价值。你越有利他的价值，就越容易受到机会的青睐、贵人的重视。

在职场里，有些人特别喜欢跳槽，只要觉得在现在的公司里没受到重视和重用，就马上跳槽到下一家公司。然而，跳槽来跳槽去，却一直得不到什么好机会，反而浪费了时间，耽误了青春。为什么会这样呢？这样的人，之所以去到哪里都得不到公司的重用、机会的青睐，完全是因为他们身上的"可被利用的价值"不够大。要知道，你的"可被利用的价值"或者"利他的价值"越大，就越会受到公司的重视和重用。

这个故事恐怕很多人都知道。一年前，甲满腹牢骚地对好朋友乙说："我要离开这家公司。我恨死我们老板了，他由始至终都没有重视过我！"

乙听了之后，对甲说："我举双手赞成你跳槽。但是，在跳槽之前，我建议你不妨给这家破公司一点颜色看看。换言之，现在还不是你离开这家公司的最好时机。"

甲疑惑地问："为什么呢？"乙解释道："如果你现在跳槽走了，公司的损失并不大。所以，你不能现在就走，而应该在把自己打造成为公司里最有价值的人之后再走。这样，你就能让公司因为失去你而后悔不已。具体怎么做呢？你应该趁着在公司的机会，拼命地去为自己拉一些客户，努力让自己成为公司里独当一面的人物，然后带着这些客户突然离开公司，这时公司必定会受到重大的损失，那么，你不就能出一大口恶气了吗？看这家破公司还敢不敢小瞧你！"

甲觉得乙说得非常在理。于是他一边努力工作，一边不断提升自己个人的能力。同时，他还像乙建议的那样，不断服务好自己的客户，不断发掘新客户。结果半年后，他不但工作越来越出色，个人能力越来越强，他还拥有了一大群忠实的客户。

半年后的一天，当两个人再见面时，乙对甲说："现在是跳槽的好时机了，你要跳就赶快行动啊！"

没想到甲淡然地笑道："昨天老板才刚刚跟我长谈过，说准备升我做总经理助理，薪水福利都有大幅度的提升，所以我暂时还没有离开公司的打算。"

听到甲这样说，乙也欣慰地笑了。其实这是乙所采取的激将法。乙并不希望甲乱跳槽，而是希望他能够不断打造自己的"可被利用的价值"。因为乙明白，一旦一个人的"可被利用的价值"或者说"利他的价值"越高，就越容易被他人重视和重用。

这个故事启示我们，你跳槽过的公司再多，也不代表你有能力，只有当你在工作中表现出巨大的可被利用的价值，老板才会愿意"利用"你为公司创造更大的利益，才会给你更多的机会。这一点如何强调都不过分：你把自己打造成一个拥有巨大的"利他价值"的人，比什么都重要！

微软创始人比尔·盖茨很早就意识到家庭和个人电脑的巨大市场，凭借他在电脑方面的造诣，他创立了微软公司。那时候，比尔·盖茨虽然已经是电脑高手，但在商界里他还只是一个无名小卒。但是，比尔·盖茨凭借自己对电脑趋势的把握，又适时地借助了人脉资源的力量，终于使微软公司走上了成功之路，最后达到了如今这样的规模与成就。

比尔·盖茨在20岁时签到了第一份合同，这份合同是跟当时全世界最大的电脑公司IBM签的。当时，比尔·盖茨还是哈佛大学的在读生，之所以能签到这份合同，是因为他得到了一个中间介绍人的帮助。这个人其实就是比尔·盖茨的亲生母亲。比尔·盖茨的母亲是IBM董事会的董事，母亲介绍儿子认识董事长，这是很理所当然的事情。然而，如果比尔·盖茨没有对世界发展趋势的准确把握，没有表现出在电脑方面无人能及的智慧，即使他母亲能介绍他认识IBM董事长，也未必能签下这份合同。

所以，你必须先要具备"利他价值"，别人才会愿意和你合作。你的"可被利用的价值"越巨大，愿意主动和你合作的人就越多。这时候，你想不成功都难。因此，如果你想在某个领域里获得巨大的成功，请先让自己拥有巨大的"可被利用的价值"。切记，你越"利他"，你的竞争力就越强大！

## 第七章

**做说话高手：**
你说服的人越多，你的"队伍"
越壮大

# 不着痕迹的赞美，最容易打动他人

在当今这个商业社会里，每个行业里的竞争都非常激烈。因此，每个人都希望拥有脱颖而出的本领。于是就有一些人总结出了各种决定成败的因素。比如，细节决定成败，态度决定成败，关系决定成败，才干决定成败等等。这些因素都对。而我们在这里要给大家讲述的一种成功因素，则是每个人都很容易掌握的，那就是：赞美。

美国《幸福》杂志旗下的名人研究会曾对美国500位年薪50万美元以上的企业高级管理人员以及300名政界人士进行过访问。在访问过程中，其中一项问题是："您认为事业成功的最关键因素是什么？"结果，这800人里，有93.7%的人认为，事业成功的最关键因素是人际关系的顺畅，而其中最核心的是学会赞美他人。

虽然这样的看法也许有些夸大。但无可否认的是，善于赞美，确实能很容易帮助我们去说服别人。而很多时候，能够说服别人帮助我们，我们就更容易成功。如果说服不了别人，我们就会遇到很多麻烦。从这个意义上来说，"赞美决定成败"也是成立的。

绝大多数人其实都明白赞美的重要性，也每天都会用到赞美这个和他人打交道的方法。然而，真正懂得利用赞美来帮助自己迅速达成目标的人，其实并不多。究其原因是，很多人都不懂得赞美的有效使用方法。怎样去赞美别人，才能更容易地打动对方，说服对方，这样的方法非常多，限于篇幅，这里就不一一介绍了。这里只介绍几个很容易掌握又一试就灵的赞美方法。

在赞美的方法里，最高明的一种是，不着痕迹地赞美别人。那些说服别人的高手都懂得这一招。他们往往在看似不经意间，说出一句或几句对对方的不着痕迹的赞美，却能深深地打动对方。其征服对方的效果，远胜过千言万语。

清末名臣曾国藩对理学有着特别深入的研究，所以自认为经过多年的内心修炼，自己基本上已经达到了儒学要求的德行与修养的最高境界。例如，自己对那些拍自己马屁、戴自己高帽的做法，已经毫不在意了。

有一次，在与幕僚们闲聊当代人物时，曾国藩说："彭玉麟、李鸿章都是大才，为我所不及。我可自许者，只是生平不好谀耳。"曾国藩这段话的大概意思是，拍马屁、戴高帽这类做法，在我这里是行不通的。

听了他这段类似于声明的话，有一个幕僚就说了："诸公各有所长，彭公威猛，人不敢欺；李公精敏，人不能欺。"说到这里，似乎说不下去了。曾国藩听了，便问道："那你们认为我呢？"

在曾氏幕府里，这样的议论是不禁止的。众人都开始思索，看看什么样的词可以用来形容曾国藩。一时之间，大家都没有说话，府内寂静得可怕。不过，寂静很快就被打破了。只听得一个掌管抄写的年轻后生朗声说道："曾帅仁德，人不忍欺。"众人一听，不禁拍手称好。曾国藩连忙一边摆手一边说："不敢当，不敢当。"但其实这句话让曾国藩非常受用，认为用来形容自己非常恰当。换言之，这是一声最为高明的赞美，瞬间便打动了曾国藩。

那人退下之后，曾国藩便问身旁人："这个人是谁？"旁人告诉他说："他是从扬州来的，中过秀才，家境贫寒，办事还算谨慎。"曾国藩说："这个人有大才，不可埋没。"

过了一段时间，曾国藩被朝廷封为两江总督。曾国藩一上任，便让这个人做了扬州盐运使，用今天的话来说就是"扬州食盐专卖局局长"。食盐是民生必需品，且由国家垄断，管这种东西的官虽然不是很大，但这个位置可是肥缺。可见，这个年轻人也算是被重用了。

赞美别人，可不是一味地乱夸乱棒就可以的。要想让你的赞美说到对方的心坎上，瞬间打动对方，一定要把赞美的话说得高明一些。而不着痕迹的赞美，就是这样的赞美方式了。

除了可以夸奖别人，赞美还可以帮助我们批评别人。善于使用"赞美式批评"，能够让我们批评别人的话，更容易让对方接受。

很多教别人说话技巧的人或者书籍，都是这样说的：在开始批评别人之前，要先真诚地赞美对方，然后一定要接一句"但是"，再开始批评。举个例子，某家长为了改变自己孩子不专心学习的态度，以为这样批评是最好的："小明，我们都以你为荣，你这个学期的成绩进步了，'但是'，如果你的语文更努力一点的话，就更好了。"

可能小明在听到"但是"之前是很高兴的，听到"但是"之后却会怀疑家长的赞美的可信度。对他来说，这个赞美只是为了批评他而事先所做的铺垫而已。

要想让别人真心接受你的批评，且还会让听者对你更加喜欢，我们只要在刚才的说话里，换掉两个字，效果就会天壤之别。只要把"但是"换成"而且"，问题就轻易解决了。请看："小明，我们都以你为荣，你这个学期的成绩进步了，而且，只要你下个学期继续努力，你的语文成绩也肯定会比别人好的。"

这样，小明就可以满心欢喜地接受这个赞美了，因为后面没有什么失败的推论在等着自己。家长已经用一种非常高明的说话方式，让他知道父母要他改进的行为。而可以让人确信的是，他必定会尽力向着这个期望的方向进发。

在赞美的方法里，还有两个是我们可以常用的。一个是"遇物加钱"，另一个是"逢人减岁"。买东西是我们每个人日常生活中再平常不过的一种生活行为。人们普遍的购物心理是，自己能够用"廉价"购到"美物"。当我们购买了一件物品后，要是自己花了100元，别人却认为只需50元时，我们往往会有一种失落感，觉得自己不会买东西。相反，当我们花20元买了一样东西后，别人认为需要70元时，我们又往往会有一种成就感，感觉自己很会买东西。正是这种购物心理的存在，"遇物加钱"的赞美技巧就有了用武之地。

"遇物加钱"这个方法很能讨对方欢心，而说起来又很简单，你只要对对方购买的东西的价格高估就可以了。

我们再来说一说"逢人减岁"。只要是人，又有谁不希望自己永远年轻呢？所以，成年人对自己的年龄是非常敏感的。例如，你是一位刚刚三十出头的小伙子，却被别人看作是中年人了，你心里面能高兴吗？如果你是位已经五十多岁的中年妇女，别人却"误"以为你是一位三十岁的大姐，你心里会不高兴吗？

正是成年人普遍存在的这种怕老心理，"逢人减岁"这种赞美技巧才有了讨人喜欢的"市场"。怎么使用这种方法呢？其实就是把对方的年龄尽量往小了说，从而使对方觉得自己显得年轻，保养有方等，进而产生一种心理满足。

无论"遇物加钱"还是"逢人减岁"，其实都是一种不着痕迹的赞美，远比那些赤裸裸地拍对方马屁高明得多。而无论是哪一种"美丽的错误"，被赞美的人，都愿意多听几句，多听几次。所以，如果你想更容易打动他人的心，一定要学会不着痕迹地赞美对方。

## 用心倾听，特别容易征服对方

颖颖是一名漂亮的空中小姐，平时追求她的男生非常多。有一天，颖颖突然向朋友们宣布说，她要订婚了。大家纷纷猜测，到底是谁那么幸运，能够征服颖颖的心。好朋友雨桐问她，是不是经常给你打电话的萧杭？颖颖摇摇头说，不是。好朋友玲雪问她，是不是天天给她送花的飞机师沈辽？颖颖又摇摇头说，不是。好朋友秋雅问她，是不是那个管理着十几家公司的褚董事长？颖颖还是摇了摇头说，不是。

大家一个又一个地猜，颖颖则一个又一个地否认。最后，大家实在猜不出来了，颖颖才一脸幸福地公布了答案，是在地勤上工作的潘肖。

所有人一听都觉得不可思议，因为论才华论相貌，潘肖都很一般。他究竟是怎么得到颖颖的芳心的呢？有人连忙问颖颖，为什么她会选择潘肖？

颖颖略带羞涩地回答说，因为潘肖特别愿意听她说话，每次她跟他讲话的时候，哪怕只是讲一点小事儿，他都会很真诚地看着她，听得特别认真。颖颖认为，潘肖真是一个难得的好听众，所以她觉得他比其他人更有教养，更尊重她，也更爱她。

大家终于明白了，原来是倾听，让潘肖收获了颖颖的芳心。

著名作家余光中曾经说过："善言，能赢得听众；善听，才能赢得朋友。"如果你是处于恋爱中或者已经处于婚姻中的人，一定会赞同这位颖颖的观点。懂得倾听的男人最有魅力，懂得倾听的女人最温柔可人。你的伴侣如果是一位好听众，那么你一定会倍感幸福，因为你能从他倾听的态度中感受到更多也更具体的理解、尊重与爱。

歌德曾说过："对别人诉说自己，这是一种天性；认真对待别人的倾诉，这是一种教养。"美国著名人际关系专家戴尔·卡耐基曾说过："如果你希望成为一个善于说话的人，就要先做一个注意倾听的人。"有一句民间谚语也说道："人长着两只耳朵却只有一张嘴巴，就是为了让我们少说多听。"

学会倾听，在沟通中拿出倾听的姿态，你才能获得别人的信任，才有可能听到对方的倾诉。学会倾听，你将获得更多更真实的信息，你将拥有更多更交心的朋友，你将得到更多更有分量的尊重。

令人遗憾的是，在生活和工作中，还有很多人一提到沟通就认为是要善于说话。于是他们总是很急切地想发表自己的意见与见解，有时候还不肯给别人说话的机会。所以，这样的人往往不招大家喜欢，也很难积累起人脉资源来。

其实，只要你肯用心倾听对方说话，你就特别容易征服对方。人的本性都是喜欢表现自己的。所以，当你愿意用心倾听时，就是给了对方一个满足自我的机会。对方的诉说欲望得到释放后，自然会感激你，喜欢你。

在纽约电话公司里，曾接到过一件相当棘手的投诉。事情是这样的。有一天，一位顾客打电话进来，不但痛骂公司的接线员，还拒绝缴纳电话费。发展到后来，这位顾客开始四处投诉，并且借舆论的力量去攻击该公司。这位顾客列举了该公司的多项罪名，然后公开指控该公司。最后，该公司不得不派出了最善于与他人沟通的工作人员，让他去登门拜访这位暴躁凶悍的顾客。

令所有人都没想到的是，这位工作人员轻松地就把这个难题给解决了。原来，他去拜访这位顾客时，只做了一件事情：倾听。在面对顾客时，只见他一直专注地倾听，让对方将满腹的牢骚都一个接一个地倾诉出来。在整个过程中，他只是一个劲儿地点头称是。一个小时后，这位顾客的问题便解决了。顾客答应他，不再控告他们公司，甚至不会再给他们找任何麻烦了。

从表面上来看，这位顾客展现出的是义正词严，为了公众的权利和该公司去争个高下。但很显然我们可以发现，这位顾客真正需要的，不过是一种受到重视的满足感。

刚开始，这位顾客是借着暴跳如雷、攻击谩骂来获得这种满足，但这种通过媒介传输的沟通并没有最终让他释然。所以，当他能从该公司派出的代表身上获得这种受重视的感觉后，他身上原先的敌意自然就消弭于无形了。由此可见，善于用心倾听，用处是多么的大！

善于用心倾听，是我们必须掌握的能力。如果你是职场中人，当你善于用心倾听，就很容易得到老板、领导、同事、客户们的喜欢。善于用心倾听，可以更好地理解老板交代的事务，可以最大限度地减少与同事间的误会，还可以增加阅历和经验，让你与老板、领导、同事、客户等的关系变得更加和谐、融洽。

当你愿意和善于用心倾听后，你会惊喜地发现，别人也开始愿意听你说话了，这无疑为你个人增加了实现目标的机会。

所以，去倾听吧！当你做到用心倾听后，你会发现，在倾听的过程中你会得到收集信息、了解情势、提升人际关系等诸多好处，而且只要你肯拿出真心来认真倾听每个人的每一句话，你就会获得更多的回报。

雄辩是银，倾听是金。去倾听吧！当你学会真诚、用心地倾听，你得到的将不仅是消息，是尊重，更是喜人的回报，因为倾听比倾诉更令人倾心。愿意用心倾听别人的你，会让别人觉得很值得深交。同理，那些乐意去倾听你说话的人，也很值得你深交。

# 好的问题，是打开对方心门的钥匙

那些说话高手都知道，善于向别人提问题，就相当于掌握了最有效的心理操纵术。好的问题可以让沟通过程进入你的掌控之中。学会提问题，是把握沟通主导方向的关键因素。提问题时能做到收放自如，才是说话的至高境界。而总能向对方提出好的问题，你就拥有了顺利打开对方心门的钥匙。

很多人在提笔写文章的时候总会想起"万事开头难"这句话。对于写文章来说，有一个好的开头，文章就成功了一大半。所以，很多人在提起笔来写之前，总会先绞尽脑汁去设计一个好的开头。说话的时候，如何把话题顺利起头并展开，也同样是决定这段讲话是否成功的关键，因此在开头的位置下功夫是非常值得的。

用提问题来展开话题是一种很值得学习、应用的方法。动笔写文章或者和他人说话时，用提问的方式展开话题，可以带着读者、听众很自然地进入到内容之中。用问题开头、用问题展开话题的方法，不但效果比平铺直叙要好，用起来也不难。这主要有两种方式：一是设置悬疑，引人猜测；二是拆分问题，引人入胜。

有一群旅客坐着大巴车去北京旅游，没想到路上堵车。堵车时间一长，车上的乘客便越来越烦躁了。这时，导游便开始发挥起了自己的口才功夫。只见他拿起扩音器问大家："各位以前到过北京的故宫博物院吗？各位知道珍宝馆内有一根两米多长的象牙吗？各位想知道这根象牙藏着什么样的惊天秘密吗？"

听到他这么一问，刚才还烦躁不已的旅客们，立刻提起了兴趣，连忙问导游到底有什么秘密。导游见大家的注意力都被自己吸引过来了，便继续说道："这巨大的象牙肯定来自于一头巨大的象。各位知道是什么象的牙吗？而且这么大的一块象牙是怎么完整地安置到故宫珍宝馆里的呢？还有，这么大一块好材料，为什么不做雕刻，只做摆设呢？"

导游的一连串问题，让全车厢的人都对故宫中的这块神秘的象牙感到非常的好奇，然后都兴趣盎然地讨论了起来，甚至都忘记了大巴正堵在路上，并没有怎么向前行驶。

为什么导游说的这些话，这么吸引游客们的注意，为什么让大家这么感兴趣呢？因为导游用了"设置悬疑，引入猜测"的提问方式。然后，游客们的胃口都被吊了起来，都恨不得赶紧去到珍宝馆，看一看那个大象牙。

提问、再提问，通过问题来引起话题，通过问题来勾起听者的兴趣，这就是在设置悬疑。说话的高手，往往都很善于用问题套着问题、问题继续引出问题的方式来设置一步步悬疑，最后揭开谜底，引出主题，从而达到皆大欢喜的效果。

再来说一说"拆分问题，引人入胜"的提问方式。著名"草根"历史老师袁腾飞曾用很有特色的讲课方式，掀起了一场趣味讲史的"袁式风暴"，结果一路讲到了《百家讲坛》。他的讲课魅力体现在很多方面，善于通过拆分提问来引导学生跟着他的讲述进行思考，就是他的一大特色。

有一次，他讲到晚清宫廷腐败时举了一个"光绪吃鸡蛋"的例子："一个鸡蛋的价格是3文钱到5文钱之间，结果内务府给光绪皇帝报账的时候却说一个鸡蛋要26两银子。26两银子是多少个铜钱啊？2000多个铜钱是一两银子，那26两你们算算是多少铜钱？皇上要是一天吃6个鸡蛋得花多少个铜钱？你就26乘以6再乘以2000，然后你再除以3或者除以5，你算算这能买多少个鸡蛋了？这么多鸡蛋打出来皇上都能游泳了……"

通过这样一连串问题问下来，你一定也会一步一步地跟着他计算，一步一步地思索着他到底要说什么，直到他抖出最后的包袱。如果仅仅是问"26两银子可以买多少个鸡蛋"，显然产生不了现在这样层层叠加的效果。而袁老师把问题拆分后再问，就达到了引人入胜的目的。可见，问题提得好，善于提问题，对听者的影响力是多么的大。

除了刚才说到的提问方式，我们常用的提问方法还有一种，就是"选择题"式的提问方法。当你掌握了这套提问方法，你就能轻松牵着别人的鼻子走，最终达到你想要的目的。

李强新婚不久，妻子的温柔体贴与善解人意，让他处处感受到了爱的温暖与家的美好。李强每天下班到家，妻子都会首先问他："先洗澡还是先吃饭？"做饭时会问："我要炒肉片白菜了，你喜欢酸辣口味，还是不放醋和辣椒的？"饭后吃水果时会问："吃香蕉，还是吃冬枣？"晚上睡觉前，李强不肯刷牙，妻子就会开玩笑地问他："是我给你刷牙，还是你自己刷？"

妻子每天都在给李强出选择题，而他也对此十分受用，还常常对朋友们说妻子非常体贴，很懂得尊重自己的意见。其实，从某种角度上看，善于使用"选择题"式的提问方法的人是很强势的。因为这些问题里已经设定好了"非左即右"的答案。面对这样的选择题，回答的人会觉得"我是在两个选项里任选其一，提问的人让我有所选择"。其实，提问者已经把自己不能接受的答案都剔除掉了，所以回答的人选什么，提问者都可以接受。当然，只要回答者觉得没问题，也无所谓。而如果我们想让回答者无论选择什么样的答案，都在我们的掌控之中，我们就一定要学会这种提问方法。

总之，我们学会如何向别人提问，归根到底是让我们占据主导权，主动"牵引"着别人走，让对方最终"走"到我们预先设定的"目的地"。例如，销售高手常常会用巧妙的问题，打开顾客的心门，以及顺着自己的思路沟通下去，最终让顾客向自己下订单。又如团队的领导者常常会用一些很鼓舞人心的反问句，来激励大家，让整个团队的战斗力在很短的时间内空前强大起来。

所以，我们要学会利用提问题的方式，让自己占据主动，更容易地说服对方听我们的话，向我们下订单，或者更加卖力地执行我们的指令。只要你掌握了各种提问题的方法，无论你面对什么人，无论你身处哪类人群里，你都能处于优势地位。

# 言简意赅，一语中的，能迅速说服别人

人活在这个世上，难免会遇到各种各样的困难。特别是胸怀大志的人，越是接近成功，遇到的困难就会越多越大。幸好很多时候，只要我们善于使用说话的巨大威力，完全可以解决掉很多问题。经常有这样的情况，面对一个困难和险情时，大家都想破了头脑，但依然想不到如何去解决。但是，有些富有智慧的说话高手，却能够只用一句话就将局面改变，甚至令问题迎刃而解。

乔·库尔曼在29岁那年起成为美国收入最高的销售员之一。在25年的人寿保险销售生涯里，他销售了超过40000份人寿保险，平均每天卖出5份。这一优异业绩，令他成为美国的金牌销售员之一。

当人们向库尔曼请教成功的秘诀时，他回答道，自己成功的最大秘诀是，特别善于"用一句具有魔力的话来改变糟糕的局面"。这句有魔力的话就是："您是怎么开始您的事业的？"他在自己的传记里写道："这句话似乎有很大的魔力，看看那些忙得不可开交的人吧，只要你向他们提出这个问题，他们总是能挤出时间来和你聊一聊。"

他举了一个发生在他身上的典型例子来说明这种魔力。刚开始做人寿保险推销员时，他遇到过一个叫罗斯的工作非常繁忙的老板。很多销售员都曾在他面前无功而返。两人见面后，库尔曼问他道："您好！我叫乔·库尔曼，是一名人寿保险公司的销售员。"

罗斯一听，便不耐烦地说："又是一个销售员。你是今天找我的第10个销售员了。我有很多事情要做，没时间听你推销，请你别来烦我好吗，我没有时间。"

库尔曼微笑了一下，然后说："请允许我做一个自我介绍，10分钟就足够了。"

罗斯说："我根本没有时间。"

库尔曼没有说话，只是低下头用了整整一分钟时间去看放在地板上的产品。然后，他问罗斯："您做这一行有多长时间了？"罗斯答道："哦，22年了。"

库尔曼又问他："您是怎么开始干这一行的？"这句有魔力的话马上在罗斯那里产生了效果。只见他开始滔滔不绝地谈了起来，从自己的早年不幸谈到自己的创业经历，一口气谈了一个多小时。最后，罗斯热情地邀请库尔曼参观自己的工厂。那一次见面，库尔曼没有卖出保险，但却和罗斯成为好朋友。接下来的三年里，罗斯从库尔曼那里买走了4份保险。

如果你也是从事销售工作的人，不妨试一试这句话："您是怎么开始您的事业的？"当然，它在适当的时机与场合提出来会比较有效果。

《墨子·附录》中有这样一则寓言。有个学生向墨子请教："话说多了好吗？"墨子回答说："池塘里的青蛙日夜鸣叫个不停，但却没有人愿意去听。报晓的公鸡只啼叫了一声，天下却都为之震动。话不在多，关键在于合乎时宜。"

墨子要告诉我们的是：如果能一句话击中人心，就不必再多加修饰。一个顾客已经犹豫再三还是没有决定买下你的东西，你再怎么说产品的优点也没有用了，还不如只说"最后一天特价"，说不定对方会因此打消顾虑以抓住最后的机会，然后马上跟你购买。一个孩子已经犯了错误，你再怎么追究也于事无补，不如跟他强调说"下次不能再犯，再犯就会被罚站10个小时"，以防止他重蹈覆辙。一个人已经站在悬崖边了，你再怎么说大道理也没有用了，不如你只说"危险！"，提示他不要再往前走了，说不定能救回他的性命。当你遇到事情想要发表一番感想时，不妨先想一想能不能一句话解决问题，如果能，那就只说一句话好了。

有的人在讲话前总是担心自己讲的话会片面，于是就对语言不断地进行丰富，结果加工后的话变得啰啰唆唆主次不明。而我们提倡长话短说，最好是能够言简意赅、一针见血，就是为了让对方在最短时间内听得清楚明白。这样不但节约了说话的时间，更节约了沟通双方思索与决断的时间。因此，越需要马上做决定的事情，就越要用简洁的语言来表述。

有一家连锁超市要招聘一名负责店内宣传的员工。在众多投了简历的应聘者里，负责招聘的店长从里面挑选了四名基本符合条件的人，然后通知他们前来面试。

四个人如约而至。店长分别对他们进行了面试。在面试中，店长让他们都进行了自我介绍，并让他们用最简洁的话来介绍一下自己最突出的优点、特长。

第一位应聘者说："我文笔非常好，很会写文章，而且内容写得都很优美。即使是超市里最普通的商品，我也能够用文字把它形容得不普通。因为我的优点就是，即使最普通的事物，我也能写出最不普通的东西。"

第二位应聘者说："我口才非常好，记忆力也特别好。我很会给顾客做产品推荐，再长的产品说明书我都能背得下来，顾客想知道哪一种产品的哪一项特性，我都能给予详细的介绍。"

第三位应聘者说："我的优点是做事很有条理性。我是学管理的，很善于安排时间，并且能将店内的工作一项项处理好，能把货物都排放得很整齐、合理。而且我很好学，肯下苦功夫。相信聘请我，你们一定不会后悔。"

第四位应聘者说："我美术字写得很好，能每天更新店内的海报。现在就可以上岗。"

听了第四位应聘者的介绍后，店长当场聘用了他，并对他说："好，你现在就去帮忙更新店里的海报吧！"

第四位应聘者话说得最少，但却应聘成功。原因是，他的话说得最明白，最能显示出他自己的优势，也与招聘方的职位需求最对口。卖什么吆喝什么，话不在多，在于说到点子上，在于能一语中的。

总之，说话贵精不贵多，把话说到点子上，把力量集中到关键问题上，你要赢得想要的结果，就显得容易多了。切记，根据具体情况，把话说得言简意赅、一语中的，更容易迅速说服对方。

# 会说委婉的话，给别人一个台阶下

魏萌和袁华是一对恩爱夫妻，结婚已经快十年了。魏萌是勤俭持家的一把好手，多年来一直把全家照顾得很好，各方面的事情也处理得井井有条。不过，袁华一直以来都觉得自己亏欠了妻子，他认为主要是自己没有什么钱，所以没能对妻子好。为此，他偷偷存了一笔钱，计划在结婚十周年的时候，买一份很好的礼物送给她，略作补偿。

在结婚十周年纪念日到来的那一天，袁华送了一枚钻石戒指给了魏萌。为了买这枚钻戒，袁华把自己积蓄了很久的私房钱都花光了。

魏萌一看到戒指，便问袁华："这枚戒指多少钱？"

袁华答道："一万五千元。"

魏萌一听这个价格，脸色马上变了，连珠炮似的向袁华问起了话来："你偷偷存了那么多钱就是为了买这个吗？这个有什么用啊？你知不知道一万五千元能换几套新家具了？你知不知道一万五千元够儿子上一年特长班的钱了？你知不知道我省吃俭用了多久才能存出一万五千元啊？你却拿这么多钱去买既不能又吃不能穿的东西！你也太不懂事，太浪费钱了！"

抱怨完一通后，她大哭了起来，觉得袁华不理解维持一个家庭的运转需要多少付出。而袁华这时候也是满腹委屈，觉得魏萌不解风情，蛮不讲理。就这样，为了一枚钻戒，一对一直恩恩爱爱的夫妻，便陷入冷战当中。

我们再来看另一对恩爱夫妻的故事。这对恩爱夫妻的名字我们都知道，他们就是居里夫妇。在居里夫人过生日的那一天，丈夫彼埃尔用一年的积蓄买了一件名贵的大衣，作为生日礼物送给了爱妻。

当居里夫人看到丈夫手中的大衣时，真是爱怨交集。丈夫对自己的爱与关怀，令她非常感激。但是，她又觉得丈夫不应该买如此贵重的礼物给自己。尤其是实验资金严重不足的当下。接过这件大衣时，居里夫人想了想，然后说道："亲爱的，谢谢你！这件大衣确实是谁见了都会无比喜欢的。但我还是要说，幸福是来自内心的。如果今天你送我一束鲜花来祝贺生日，对我们来说就会好得多，至少不需要花费这么多钱。"

皮埃尔一听，马上意识到自己不应该花费这么多钱去买礼物了。于是，他第二天就把大衣退掉了，然后用这笔钱来弥补了试验资金的缺口。对于丈夫的做法，居里夫人感到非常开心，两个人变得更加恩爱了。

为什么两件起因相同、情节相似的事情，结果却会如此截然不同呢？区别在于两位妻子的说话方式。

魏萌批评丈夫的话太过直接，严重地刺伤了丈夫的面子，结果让夫妻双方产生了很大的矛盾，从而让二人陷入冷战之中。居里夫人对丈夫的批评则是非常委婉的，既保住了丈夫的面子，又让丈夫幡然醒悟，知错能改。所以，同样的两件事，却产生了完全不一样的结果。

其实很多时候，越是亲密的人，越是受不了对方驳自己面子、伤自己自尊的话。这个时候，会说委婉的话，懂得给对方一个台阶下，就显得极其重要了。委婉含蓄的话，无论是提出自己的看法还是向对方劝说，都能比较适应对方心理上的自尊感，使对方容易赞同、接受你的说法，进而知错能改。

在生活和工作中，我们时不时会遇到需要批评、教育别人的时候，尤其是作为管理者而言。在批评别人的时候，如果想要让对方更容易接受，并马上去改正，那么你最好是会委婉地提出你的批评。如果你直接批评对方，不给对方一个台阶下，对方只会在逆反心理的影响下，不断犯错，错上加错。

由于有一批贵重的货物放到了货仓里，所以总经理打算第二天亲自来视察一遍。为了防止总经理在视察过程中发现什么纰漏，仓库管理员开始在货仓里转了起来。没想到，他走着走着，居然发现几个工人正蹲在墙角处吸烟。在这群工人旁边的墙上，却写着"禁止吸烟"这四个红色大字。

见到这种情况，仓库管理员非常生气，于是指着"禁止吸烟"这四个红色大字问这些抽烟的工人："你们是不是文盲？不认识'禁止吸烟'这四个大字吗？别在这里抽了，快给我出去！要抽到外面抽！"这群工人似乎很听话，真的走到了仓库外面去抽。

第二天，总经理按时前来视察仓库。当他走到"禁止吸烟"这四个红色大字的墙边附近时，突然看到了几个正在抽烟的工人。跟随在总经理一旁的仓库管理员既生气又失望，然后觉得自己连同这几个工人肯定都要被辞退了。

没想到，总经理竟然走到了那几个工人面前，拿出了自己的烟盒，给了他们每人一支高档香烟，然后说道："弟兄们，抽一抽这种烟吧，还不错！另外，如果大家能到仓库外面抽烟，我会非常感谢大家的！"

抽烟工人们看到总经理不但没有责怪他们，还请他们抽烟，都有些羞愧，于是都向总经理认了错，并保证以后都不会再犯了。于是，总经理用他委婉式的批评，达到了禁止工人们在仓库里抽烟的目的。

语言的威力是极其巨大的。它可以让人如沐春风，也能令人如坐针毡。难怪古人会说："赠人以言，重于珠玉；伤人以言，甚于剑戟。"当你不懂得给人面子时，虽然说的是实情，但别人还是很难理解、体谅你；只有你说话含蓄委婉但又能让对方听得懂，对方才会把你的话听进心里，并主动去改正自己的错误。

无论在生活还是工作场合，最容易引起矛盾、是非的往往是"不给面子"的行为。打人不打脸，骂人不揭短，中国人对面子问题是非常介意的。委婉地批评别人，懂得给对方一个台阶下，就是在说话时给别人留出余地，不会伤了对方的面子。这样，你反而很容易就说服了别人。

# 用"正话反说"去说服那些极难说服的人

当我们要说服那些极难说服的人，尤其是那些高高在上、平时非常自负、很难听得进别人的劝告的人时，最有效的方法便是"正话反说"。

我们先来看一看，面对一场几乎不可收拾的争吵打斗闹剧时，说话高手是如何利用"正话反说"来迅速化解矛盾，收拾局面的。

何刚不知道因为什么事情与他妻子吵起来了。这两口子越吵越起劲，到后来不但恶语相向，甚至还动起了手脚。两人打了一会儿架，何刚居然败下阵来。没想到，他老婆居然没有任何停手的迹象，只见她拿起了一把菜刀，非要找何刚来一个你死我活不可。有人眼疾手快，赶忙把她的刀夺了过来。但她仍不罢休从地上捡起了一块碗口那么大的石头，说要把何刚的脑袋砸开花。

劝架的人越来越多，何刚的老婆却越来越"疯"。正当这摊子不知道怎么收场时，何刚的老板丁总正好路过。他看到这个情形，心生一计，然后一步上前来，拆开拉架的人们，说："大家都闪开，看看这两口子谁打坏谁了，谁掏钱上医院，谁去侍候。"丁总将这段话里的几个关键字咬得特别响。

接着，丁总又趁势将何刚正在大哭的孩子往何刚老婆跟前一放，说："你们打，让别人看笑话，让孩子遭殃！"紧接着，丁总又把何刚推到他老婆面前，激将道："打呀！你男人要有个好歹，用不了三天，你不跳河才怪呢！"

拉架的那些人看到丁总使出了"正话反说，欲擒故纵"的激将法，便都先后散开。何刚老婆看到没有人愿意再理她，顿时气焰短了一大半，手中举起的石头也不知如何放才好了。眼看无法下台，她竟然"哇"的一声坐到了地上。

丁总看她已威风扫地，便给旁边的一位大婶递了个眼色。大婶会意地走过去，轻轻一掖，让她"顺坡下驴"乖乖地爬了起来。就这样，一场眼看收不了场的闹剧，便奇迹般地鸣金收兵了。这就是善于运用"正话反说"的威力。

其实，在几千年前，我们的古人就已经懂得运用"正话反说"的力量，去解决看似不可能解决的难题、化解不可能化解的困局。例如，齐国有一位叫晏婴的相国，就很善于运用"正话反说"来帮助别人消灾解厄。

春秋时期，齐国有个人得罪了齐景公。齐景公大怒之下，将这个人绑在了大殿外面，然后召集左右武士前来，准备肢解了这个人。为了防止别人干预他的这次杀人举动，他甚至下令说，有胆敢劝他不要杀人者，一并也杀了。群臣见齐景公发了这么大的火，还下了这样的旨令，谁也没敢去阻止他。

时任齐国相国的晏婴看见武士们要对那个人杀头肢解了，连忙上前说："让我先试这第一刀。"众人觉得十分奇怪：晏相国平时是从不杀人的，今天怎么啦？只见晏子左手抓着那个人的头，右手磨着刀。正当大家都在等着他下刀时，他却突然仰面向坐在一旁的齐景公问道："古代贤明的君主要肢解人时，您知道是从哪里开始下刀的吗？"

齐景公一听，明白他的话是什么意思了，赶忙离开王座，一边摇手一边说："别动手，别动手！赶紧把这个人放了吧，都是寡人的错。"那个人早已吓得半死，等他从惊恐中回过神来的时候，知道是晏婴救了自己，连忙向晏婴磕了三个响头，然后以最快的速度离开了。

晏婴在齐景公身边，经常通过这种正话反说的方法，迫使齐景公改变一些荒谬的决定。有一次，有个马夫杀掉了齐景公曾经骑过的一匹老马，原因是这匹老马生了病后，久治不愈，马夫害怕它会把疾病传染给其他马，所以就把它给杀了。齐景公知道后，心疼不已，然后怒火冲天地斥责那个马夫，甚至还要亲手杀了这个马夫。

马夫没想到齐景公会为了一匹老病马而杀了自己，吓得面如土色。晏婴在一旁看见了，连忙抓住齐景公手中的戈，对齐景公说："你这样急着杀死他，使他连自己的罪过都不知道就死了。我请求为你历数他的罪过，然后再杀他也不迟。"齐景公说："好吧，我就让你处置这个混蛋。"

晏婴举着戈走近马夫，然后对他说："你为我们的国君养马，却把马给杀掉了，此罪当死。你使我们的国君因为马被杀而不得不杀掉养马的人，此罪又当死。你使我们的国君因为马被杀而杀掉了养马人的事，传遍四邻诸侯，使得人人都知道我们的国君爱马不爱人，落得了一个不仁不义之名，此罪又当死。鉴于此，非杀了你不可。"这边晏婴嘴里还在说着，那边齐景公却突然对晏婴说："夫子放了他吧，免得让我落得一个不仁不义的恶名，让天下人笑话。"就这样，那个马夫也被晏婴巧妙地救了下来。

通过这两个故事，你是否已经发现，运用"正话反说"，能通过放大对方的荒谬，让对方更明白地看到自己荒谬的真面目，从而达到迅速有效地劝谏与说服对方的效果。

其实，"正话反说"之所以能产生如此大的效果，正是源于它"显微镜"似的作用。当你善于运用"正话反说"，就能在对方的荒谬之上再加上一层荒谬，令对方的荒谬看起来更加荒谬，从而令对方的荒谬无处躲藏，让对方马上看得见，然后被你成功劝告或说服。总之，当你在用正面的说话方式去劝告、说服别人都没有起到任何作用时，不妨试一试"正话反说"这一招。只要你正确运用了，这个说话方法一定会让你非常惊喜。

# 没水平地讲道理，有水平地讲故事

讲故事，是在用通俗有趣、浅显易懂的方式，来表达深刻的道理。通过讲故事的形式，更容易让别人接受你的观点、思想和原则，从而助你一臂之力。会讲故事，能让你更高效地达成你的目标。

每一个人都可以成为一个讲故事的高手甚至大师。学会讲故事吧，因为它是让你获得更多机会、肯定和成就的捷径。很多时候，你说出来的好听的故事，远比那些大道理还要打动听众。

1939年10月，时任美国总统富兰克林·罗斯福和他的私人顾问萨克斯进行了一次颇具历史意义的交谈。受爱因斯坦等多位科学家委托的萨克斯，这次与罗斯福交谈的主要目的，是要说服罗斯福重视对原子能的研究。

深知这次谈话意义重大的萨克斯，一见到罗斯福，就把爱因斯坦写给罗斯福的长信交给了对方。等罗斯福看完了长信，萨克斯马上和罗斯福谈到了多位科学家对核裂变发现的备忘录。为了把事情讲清楚，萨克斯特意把科学家们的意见、专业名词、重要性都讲了出来，希望能得到罗斯福的重视。

这个时候，"二战"刚刚爆发了一个月。萨克斯由于极其想要说服罗斯福重视原子能的研究，所以越说就越急切，反而把罗斯福给说糊涂了，让罗斯福越听越觉得原子能的研究并不是那么迫切。萨克斯说得声嘶力竭，罗斯福却认为，对方说的这些是挺有趣的，但政府现在就去干预这些研究，会不会过早了？

罗斯福的反馈态度，像一盆冷水般浇灭了萨克斯想要说服罗斯福的热情。眼看自己无论如何都说服不了罗斯福，他只好告辞。罗斯福看到他这般模样，有些于心不忍，便邀请他次日早上一起吃早餐。萨克斯内心的希望又燃了起来，因为这相当于他还有机会去说服罗斯福。

当天晚上，萨克斯整夜都在想着怎样去说服罗斯福，所以久久没能入眠。第二天早上，萨克斯与罗斯福坐在了餐桌旁。罗斯福看到萨克斯还是一副很想要说服自己的样子，就对他说："今天不要和我谈爱因斯坦的信，也不要谈科学家们的看法，一句也不要谈，咱们只是好好地吃一顿早餐，好不好？"

听了罗斯福的请求，萨克斯缓缓地点了点头。他拿起面前的那杯开水，喝了半杯，清了清嗓子，然后对罗斯福说："那就让我来给您讲一个历史故事吧。在英法战争时期，拿破仑在欧洲大陆上的优势在海上战争中却荡然无存。这个时候有一位叫富尔顿的发明家找到了拿破仑，建议他把战舰上的桅杆砍断，撤去风帆，改用蒸汽机，并用铁板换下木板。然而，拿破仑觉得船没有帆是不能航行的，铁板换下了木板船就会沉到海底去，所以，他认为富尔顿一定是一个疯子，就把他轰了出去。"

看到罗斯福正在很认真地听着，萨克斯顿了片刻，又继续说道："如果拿破仑当时能采纳富尔顿的建议，那么19世纪的历史就要重写了。"

萨克斯讲完这个故事后，用深沉的目光注视着罗斯福。而此刻，罗斯福正陷入沉思之中。时间仿佛停止了。过了好一会儿，罗斯福从沉思中回到了现实，然后让人取来了一瓶拿破仑时代的白兰地，亲自斟了满满一杯，然后递给萨克斯，说："你赢了！"此话一出，萨克斯顿时老泪纵横。

萨克斯通过给罗斯福讲这个故事，帮助美国翻开了原子弹制造历史的第一页！如果萨克斯不是给罗斯福讲这样一个生动而真实的故事，而是继续讲那些让罗斯福听得云里雾里的原子能方面的专业术语，萨克斯根本不可能说服得了学法律出身的罗斯福。可见，一个好故事的作用是多么的大，意义是多么的深刻。

对于一个好故事的重要性，美国前总统里根是这么认为的："用故事或比喻诚诚恳恳地表达心意，要比用枯燥的事实或科学原理更能打动听众。"有人观察发现，没水平的管理者讲道理，有水平的管理者讲故事。在美国《财富》杂志评选的全球最受欢迎的前十位CEO里，人们发现了他们有一个共同的特征，都喜欢借助寓言和故事来阐述管理理念。如果想成为一个有水平的管理者，就一定要学会讲故事，把故事讲得无比动听，震撼心灵。

那些卓越的领导人和杰出的大人物都是讲故事的高手。人们之所以愿意追随他们，一个很重要的原因，就是他们善于运用蕴含深刻寓意的故事与他人交流，让听众感受到一种令人惊叹的智慧，心灵不断地受到震撼。另外，他们也很擅长用讲故事的方式去描绘未来的美好前景，从而激发大家的斗志，鼓励人们永远向前拼搏。

20世纪80年代，曾有一位全球知名的社会学家预言，21世纪将是"讲故事"的世纪。如今看来，此言不假。在已经进入21世纪的今天，用讲故事的方式说服人、教育人，俨然已是许多企业、组织统一团队目标、提升团队素质、铸就团队文化的最好形式。

这是一个需要借助故事来领导的年代。著名企业家张瑞敏经过二十多年的管理实践，曾深有感触地说道："提出一个管理思路、理念也许不是难事，但要让人们认同这个思路、理念，才是最难的。我常常在想，《圣经》为什么在西方能深入人心？恐怕靠的正是里面一个个生动的故事。推广某个经营理念，用讲故事的办法就是一种可行的方式。"

其实，企业追求打造自身文化的过程，通常表现为领导者以最经济、最有效的讲故事的方式，传播自身思路、企业理念。这个过程能较为彻底地摆脱说教，摆脱抽象的理论，摆脱生硬的指令，而在相对轻松愉快、亲切随和的氛围中内化员工们笃定的信条。从这个意义上来说，我们可以断言，未来的成功企业家必将是能生动地讲述管理故事的高手。

如果你想让自己更有个人魅力，不妨学会讲很吸引人的故事；如果你想更容易说服别人，不妨学会讲能迅速打动听众的故事；如果你想成为一个优秀的管理者，不妨学会讲能震撼下属们的故事；如果你想成为一个杰出的领导人，不妨让自己成为一个很会讲寓言和故事的人。

第八章
CHAPTER 8 >>>

---

**突破障碍：**
勇敢坚韧，让你的"队伍"梦想
成真

---

# 我们总是把困难和问题想象得非常大

你是否也曾有过这样的时候？面对着一个可能会让你有更好发展的机会，却因为舍不得自己当下安稳的工作与生活，最终选择了放弃；面对着一个更好的选择，却因为惧怕未知的前方而踌躇不前，最终选择了保持现状。你的选择看似明智，但果真如此？你是否想过，当你选择了这些看得见的安逸与稳定时，你便已经放弃了收获成功的可能。

每个人心中都有着对成功的向往，但很多人之所以没有真正体验过一次成功的滋味，很多时候其实是因为自己内心的恐惧在作祟。很多人还没有迈出追求成功的第一步，就已经被所谓的"成功的难度"吓到了，所以一直不敢迈出这第一步。这些人宁愿过着不高不低不痛不痒的所谓的安逸生活，也不愿意花一点儿力气、不敢冒一点儿风险，去做那些"可望而不可即"的事情。

很多年以前，有位韩国年轻人在英国剑桥大学学习心理学课程。每天下午茶时间一到，他都会雷打不动地待在学校里的咖啡厅或者茶座室里，因为在那里可以听到一些成功人士分享他们的思想观点、心得体会等，这可是一个很让自己长见识的机会。这些成功人士包括有诺贝尔奖获得者、一些领域的学术权威、一些创造了经济奇迹的人等。这些人往往说话幽默风趣，给别人一种举重若轻的感觉，且仿佛都把自己的成功看得非常自然而然、水到渠成，并没有什么神秘的。

时间一长，这个韩国年轻人心里就产生了这样的想法：我之前在韩国是不是被国内那些成功人士骗了？国内那些成功人士在给大家做演讲或者接受采访的时候，总会把自己创业时的艰辛程度和难度都说得非常大呢。国内这些家伙会不会是在用自己杜撰的成功经历来吓唬我们这些还没有成功的人啊？

作为剑桥大学心理学系的学生，他认为自己很有必要去对国内那些功成名就了的家伙们的心态做一个研究。接下来，他决定把《成功并不像你想象的那么难》这个主题作为自己毕业论文的主题，然后提交给了自己的导师、现代经济心理学创始人威尔·布雷登教授。以后，他还要把这个主题的研究成果写成一本书，然后出版出来，让每个韩国人都能看到。

威尔·布雷登教授看过以后甚是惊喜。他知道，这其实不能算是一个新发现，因为这种现象在东方甚至在世界各地都早已普遍存在，但在此之前，还没有一个人敢把它大胆地提出来并加以研究，这位韩国年轻人是第一个。

惊喜之余，威尔·布雷登教授写了一封信给自己的剑桥校友——当时韩国的"政坛第一人"朴正熙。在这封信里，教授是这样说的："我不敢说这本著作对你的政绩有多大帮助，但它肯定比你的任何一个政令都能产生震动。"

后来，《成功并不像你想象的那么难》这本书果然和韩国经济一起起飞了。这本书鼓舞了许多人，因为它从一个全新的角度告诉人们："成功与否并不取决于困难的多少，只要你对某件事情感兴趣并且在这方面不是白痴，那么投入尽可能多的时间与精力进去，然后坚持下去，就一定能得偿所愿，因为上帝赋予你的时间和智慧足够让你圆满地去做完一件事情。"后来，这位年轻人也获得了很大的成功——他成为韩国泛业汽车公司的总裁。

这位韩国年轻人通过《成功并不像你想象的那么难》这本书，告诉了我们关于成功的一个真相。原来，成功与某些成功人士一直渲染的要"能上刀山，下火海""经历九九八十一难""闯过山路十八弯"……都不存在着必然的联系，成功过程的感受也并非如炼狱般痛苦不堪。无数事实证明，很多事情我们之所以做不到，不是因为这些事情难度太大，而是因为我们不敢去做。很多时候，我们总是把困难和问题想象得太大了，大到似乎我们都解决不了，不可能做得到。

要取得成功确实不容易，但也未必就真的像有些人想象的那么难。只要你相信自己配得上无比美好的未来，赢得成功这件事就肯定没有想象得那么难。其实，人生里的很多事情，只要你克服恐惧，勇敢迈出第一步，碰到困难就解决困难，遇到问题就处理问题，不断朝着正确的方向努力，坚持到底不放弃，那么，成功必将属于你。

在追求成功的路上，我们要突破的第一道障碍，就是恐惧。这是没有办法逃避但又没有必要逃避的。什么是恐惧呢？有人曾给恐惧下过这样一个定义：恐惧是由那些相信某事物已降临到他们身上的人感觉到的，恐惧是因特殊的人，以特殊的方式，并在特殊的时间条件下产生的。简而言之，惧由心生，恐惧源于害怕，而害怕源于无知。就像那些怕鬼怕了一辈子的人，恐怕一辈子也没有见过鬼，对鬼的惧怕只不过是自己吓唬自己罢了。

可见，这个世界上，真正能让人恐惧的，不是客观存在的事物，而是自己内心的障碍。比如很多人在碰到一些棘手的问题时，常常会在脑海里设想出许多在处理事情过程中可能产生的困难与问题。结果，想得越多，心里就越感到担忧甚至恐惧。但实际上，当你勇敢地去做时，你会发现，那些困扰你许久的问题与困难，可能根本都不存在。

我们总是把困难和问题想象得非常大。这是一种每个人或多或少都存在的心理障碍。要突破这种心理障碍其实也不难，最有效的方法就是，要做什么事情，就赶紧付诸行动，勇敢地去做你想要做和必须做的事情，不要犹豫不决，不要给自己任何拖延的理由与借口。当你养成了总在第一时间去行动的习惯后，你会越来越不害怕困难与问题，甚至会越来越享受与困难、问题斗争的乐趣。

# 世界上最大的谎言是"你不行"

在一家企业里有两个销售部门。第一销售部的部门经理总是用鼓励的话来对待每一位员工，比如"你没问题的""你一定行的"之类的。第二销售部的部门经理刚好相反，在和员工们沟通时，他经常将"你肯定不行"挂在嘴边，似乎不说这句话，显不出他的权威似的。

结果，每个季度的业绩，第一销售部的都是第二销售部的四倍多。老板对此感觉很奇怪。在新的季度到来前，他决定把这两个部门的一部分员工进行调换。结果季度结束后，第一销售部的业绩还是第二销售部的四倍多。

在又一个新季度到来前，老板决定把这两个部门的部门经理对调一下，其他员工在原部门不变。结果，这个季度结束以后，变成了第二销售部的业绩是第一销售部的四倍多！这时候，老板终于明白，问题原来出在了部门经理身上。

其实，两个部门的人员能力都差不多，可是一个是在积极的氛围里工作，一个则在消极的氛围里工作，久而久之，消极的那一方不再对自己的能力产生期许，不再相信自己也能创造出好的业绩了。最后，老板把那位经常爱说"你肯定不行"的经理辞退了。

曾有人说过这样一句话："谎言重复一千遍就会变成了真理。"试想一下，如果你身边的每个人每天都在质疑你的能力，断定你没有前途，总喜欢跟你说"你不行"，长此以往，你本来心中熊熊燃烧的那团火焰，是不是就会慢慢变小，直至熄灭？

然而，无数事实证明，世界上最大的谎言就是"你不行"。只要你认准目标，迅速采取行动，遇到问题解决问题，遭受困难处理困难，碰到矛盾化解矛盾，不断向前努力，坚持到底，你就一定能实现目标，证明"你能行"！

施敬明在一家杂志社的业务部工作。其实他到这个部门还不久，对业务才刚刚熟悉了一遍。没想到，有一天上午刚刚开始上班，部门经理就把他找去了。见到施敬明，经理便对他伸出了五根手指，并斩钉截铁地说："在这个月内，你要完成五个版面的广告销售。"

施敬明一听之下，简直不敢相信自己的耳朵。据他所知，这个单位里一直以来只有工作五年以上的人，才有可能做到这种程度，但自己只是一个刚调到业务部不久的业务新人。他马上把自己的担心都跟经理说了。但经理却问他："你觉得自己没有能力去完成这个任务吗？"

他犹豫了一下，然后诚恳地说道："是的。""你还没有去尝试过，又怎么知道自己做不到呢？"经理的这句话让施敬明突然没了反驳的力量。正如经理所说的，他都还没有去尝试过，又怎么知道自己做不到呢？

他从经理室出来，回到办公桌后，便把全部的心思都放在了寻找客户这件事情上。只见他拿出了一张A4纸，用铅笔横线竖线各画了一条，总共分成了四个格。然后，他将目前手中感觉比较有把握的客户划分到第一格，把稍微有点把握的客户划分到第二格，把没有把握但有实力的划分到第三格，把既没有把握也没实力的划分到第四格。划分完成后，他一眼就能发现，第一格和第四格的人都很少，而第二格、第三格人数相对比较多。于是，他决定从第二格、第三格入手，接着，他计划一天去拜访两家客户。然后，他马上开始行动。

他个人的时间非常紧张，然而，客户并不会替他珍惜他的时间。所以，他要充分利用好自己的时间。有一次，他在接待室等了两个小时，才等来了预先约好的一位客户。最终，客户只和他洽谈了十分钟。不过，这十分钟对他来说已经非常够用了，因为在这十分钟里，他发现了有效打动该客户的秘诀！

还有一次，他与某位客户约的是上午十点钟签署合作意向书，但是堵车将他死死地困在了路上。见到这种情况，他二话不说就下了出租车，然后跑步离开了堵车的路段，然后再打车准时到达了目的地……这些事情，换做以前，他是绝对不会做的，因为他不相信自己能做到。

在还剩下五天这个月就要过去的时候，施敬明完成了一共六笔广告订单，比之前经理布置的任务还多了一笔。在工作例会上，当经理让他分享自己的成功经验时，他把经验总结成为一句话："当你相信自己做不到时，再简单的工作都会做不好；而当你对自己充满信心时，所有大门都是敞开的！"当他说完之后，会议室里马上响起了一片雷鸣般的掌声。

只要你全力以赴、想方设法去做，你就一定行。世界上最大的谎言就是"你不行"。其实，只要你找对了方法，再加上坚持不懈的努力，无论你做什么事情，你都"一定行"。

很多事情没有人能做到，但不代表你做不到；即使有很多人说"你不行"，也不代表你真的不行。其实，无论对任何人来说，你的能力和潜力，都大得超乎你的想象。无论你遇到了什么样的困难，只要你能勇敢面对，然后想方设法自己解决或者寻求擅长解决此类困难的人帮助你去解决，你的困难便会迎刃而解。

我们很多时候对自己的能力有所怀疑，觉得自己办不好某件事情，原因很可能只是我们信心不足，勇气不够。一旦我们鼓起勇气，勇敢面对，迅速行动，不达目标不罢休，我们就会发现，其实自己"很行"！

世界上最大的谎言就是"你不行"。当你还在以为自己不行的时候，很多人已经实现了自我价值，达成了自己的梦想，完成了自己的心愿。所以，当你有了想要去实现的目标与梦想时，请马上勇敢地去追求。当你相信自己一定能做得到时，你将会用你的成果向全世界证明，"你不行"只是一个伪命题而已。

# "剩者为王"：距离成功越近，越是路广人稀

在这个世界上，每天都会有很多人无比接近成功，结果最后却功败垂成。这些已经走了"99步"的失败者，不知道自己再坚持向前走"1步"，就可以走出黎明前的黑暗，迎来灿烂的阳光。他们认为自己差一点点就能成功，却最后倒在了终点线前，完全是因为自己的运气不好。如果运气能好一点，他们肯定也能功成名就的。

但事实上，这些人之所以失败，并不是没有才华与能力，也不是没有勤奋与努力，而是因为他们没有坚持到底，咬紧牙关走到柳暗花明的那一天。他们在山重水复疑无路的迷茫里，最终选择了放弃。

成功，与其说是"胜者为王"，不如说是"剩者为王"。失败是人生常事。但当我们失败时，我们有没有给自己找这样那样的理由，或者进行各种毫无意义的假设呢？反正那些后来功成名就的人在曾经失败的时候，往往都记住这样一条：即使失败了，不到最后一秒，也决不轻言放弃。因为他们知道，坚持到最后未尝不是成功的法宝。

很多时候，并不是困难阻挡了我们前进的脚步，而是因为我们丧失了斗志，结果泄气到底，一蹶不振，最后丧失了希望。要是我们能强迫自己坚持，坚持，再坚

持，结果很可能会非常圆满。

朱威廉是国内著名原创文学网站"榕树下"的创始人。很多人对朱威廉这个名字都很陌生，但对"榕树下"却比较熟悉，尤其是对文学爱好者来说。

朱威廉是美籍华人，他父母早些年从上海移民到了美国南加州，并在那里生下了他。当时，他们一家人经营着一家中餐厅，生意不错。朱威廉从小就喜欢警匪片，立志长大以后要当一名警察。所以进入大学后，他主修了法律专业。大学毕业后，他加入到了洛杉矶的警察队伍，算是梦想成真了。

但是他父母觉得警察这一职业太危险，所以一再要求他辞掉警察的工作，回到家里继承家业。朱威廉从来都不喜欢经营餐馆，因为他感觉这个工作对他来说太过枯燥乏味，而且在自己家里做事，很难体现自我价值，反倒有一种"啃老"的感觉。所以，他虽然答应了父母不再当警察，免得他们整天担惊受怕，但却始终没有同意回家经营餐馆。

从改革开放以后，中国就进入到了高速发展的轨道。在这样的经济环境里，不但有越来越多的中国人致富成功，连很多外国人也在中国"淘"到了"金"。朱威廉认为回国发展会很适合自己，所以带着3万美金便只身回到了自己父母的老家上海。

准备回国之前，他认为自己一回到中国，就一定能闯出一番天地，甚至很快就能让自己赚得盆满钵满。然而，理想很丰满，现实很骨感。他回国后一直没有找到合适的创业机会，不是自己资金远远不足，就是对国内的很多行业不熟。在回国后的半年时间里，他搬了很多次家。由于身上的钱越花越少，他从刚刚回国时住五星酒店，到半年后只能租住在20平方米的旧民房里。

躺在民房里的破床上，他想到了很多带着发财梦回中国却又在一年半载后灰溜溜返回美国的那些人。本来在山穷水尽的时候，他几次想过放弃然后回美国。但一想到这些人，他又咬牙坚持继续留下来。因为就这样回美国，也太没有面子了。他不想成为大家的笑柄，所以就强迫自己放弃了回美国的念头。他告诉自己，哪怕是为了脸面也要撑下去，哪怕是为了避免成为笑柄也要背水一战！

要想在中国国内成功，除了创业，别无他法。想明白了这一点后，他马上就开始创业了。在创业之初，一间狭小昏暗的办公室，一台从美国空运过来的苹果电脑，两名员工，就是他的全部。他亲自出去跑业务，然后一连做成了好几笔小生意，有了一点点知名度。于是，他开始扩大规模，又招了几名员工进来。

但令他备受打击的是，正当他的公司慢慢有了起色的时候，公司却迅速被毁掉了。原来，他的业务经理也自己出去开公司了，还回来挖他公司的墙角，带走了公司里大部分的员工。这时候的他，账户里就只剩下了300元人民币。这件事对他的打击非常大，但也彻底激发了他的斗志，他玩命似地努力，几年后，他终于获得了"沪上直邮广告大王"的美誉，员工人数近百，在北京、重庆都有分公司，并最终成功加盟了当时世界上最大的广告集团——奥姆尼康公司。

在创办广告公司的过程中，他自己做了一个叫"榕树下"的个人主页。从此，倡导纯文学的"榕树下"一发不可收拾。韩寒、安妮宝贝等很多新锐作家均起源于此。事实上，当时他做梦也没有想到过，"榕树下"后来会成为影响中国网络文学发展如此大的一个网站。

现在，他已经成为中国IT业的元老级人物。在回忆起当年的种种经历时，他感慨地说道："那些看似不可能的事，只要你用心、用力、敢于付出和坚持，一件小事也可以做大、做火，这给我今后的创业带来了自信和动力。"

朱威廉在追求成功的路上的种种经历，以及他对过去的总结与感悟，都启示了我们，很多时候，只要我们能往前再跨一步，就能到成功的彼岸。只可惜，很多人都没能坚持走完这最关键的一步。

在我们身边总能遇到一些半途而废的人，你很难想象他们能够做成什么事情，因为他们每一次都是草草地开始，然后又匆匆地结束。他们总是目标摇摆不定，过程浅尝辄止，做事三心二意，最后兜了一圈回来时，发现自己居然还在原来的地方，一事无成。

如果你想要成功，你就需要强迫自己去坚持。在你决定开始某件事之前，首先要慎重，要考虑清楚这件事究竟值不值得你去做。但在开始之后，就绝不可以随随便便就放弃。

在追求成功的道路上，同行者注定会越来越少。很多人认为成功需要坚韧不拔、心如磐石、百折不挠、铁杵成针、坚韧不拔等。然而，这么多与意志力相关的成语，其实都可以用另一个成语来代替，那就是"永不放弃"！因为在现实中，我们看到的很多成功者，其实也不见得有什么过人的意志，他们只是认准了目标，跟准了导师，走对了路，永不放弃，直到成功。所以，在追求成功这件事上，与其说是"胜者为王"，不如说是"剩者为王"。距离成功越近，越是路广人稀！

# 经受住了考验，逆境就会成为你的顺境

在漫漫人生路上，每个人都难免会遭遇到逆境的考验。如果你只是想着过庸庸碌碌的生活，也许遇到的逆境会少一些；如果你想要追求大成功，拥有大财富，就一定会时不时地出现一些逆境，对你进行考验。

无论你是甘于平庸的人，还是追求成功的人，如果不能战胜逆境对你的考验，逆境就会变成你的绊脚石，把你绊倒在地上，让你很容易在消极中沉沦。如果你能够经受得住逆境的考验，逆境就会成为你的顺境，成为你追求成功、财富的垫脚石和向上的阶梯。

在历史上某一段公认的经济不景气的时期里，有个做生意的年轻人一直觉得自己的事业之所以没有起色，完全是因为市场不景气。他有些消极地认为，除非经济大环境有所改善，否则自己的事业不可能有好的转机。在这段很多人都认为是经济最不景气的时期里，有一天他信步来到了一条商业街。这时，他马上被街上的两家品牌服装折扣店给吸引住了。吸引他的原因，是因为这两家店的反差太大了，因为一家店里人来人往，热闹非凡；另一家店却门可罗雀，无人问津。

这个现象让这位年轻人陷入深深的思考之中。为什么在经济如此不景气的大环境里，处在同一地段的两家卖同类商品的店铺，生意会有如此之大的差别呢？其中一家可以说丝毫没有受到不景气的大环境的影响，生意做得红红火火的；另一家却谁都能看得出来，已经快要经营不下去了，离关张的日子恐怕已经不远。他决定要好好找一找产生如此大差别的原因。看看能不能对自己在做生意上有所帮助。

年轻人首先来到了生意非常红火的那家服装店。他还没走进店门，就已经发现里面有很多人正在挑选衣服。当他一走进店门，便有服务员热情地向他的招呼："您好！欢迎光临本店！请问我能为您做些什么呢？"态度非常友好。

"我先帮这位顾客拿衣服，您先看着，有什么需要可以随时找我们任何一个。"这位服务员略带歉意地对年轻人说，然后就和其他服务员一样，开始为有需要的顾客服务去了。这些服务员对每一位顾客都是如此的服务周到，既不主动推销，又不主动打扰。只有在顾客需要的时候，才会马上出现在顾客身旁，为顾客排忧解难。顾客们看起来都很喜欢这家店里的服装，所以连交款处都排起了长长的队伍。

第二天，年轻人又去到了门可罗雀的那一家服装店。当他一走进店门，就听到老板扯着嗓门问他："你要什么？"好不容易进来了一个客人，在客户挑选衣服的时候，老板总显得有些爱理不理，而且总想让顾客买他认为应该买的那一件，因为那一件的利润要更高一些。总之，这个人的服务态度很差，似乎和顾客的交易，只是一锤子买卖，对是否要培养回头客毫不关心。

对比完这两家店的情况，年轻人似乎明白了点什么。原来，再不景气的环境里也有人能挣大钱，再大的逆境对于有些人来说都不会成为逆境。因为他们拥有不受环境影响的成功秘诀。在做生意上，这些秘诀不外乎就是"想顾客之所想，急顾客之所急"，全心全意为顾客着想，让顾客有一种"在这里消费真美妙真快乐"的感觉。而有些在不景气时代做得很失败的生意人，即使在景气的时候，他们的生意也好不到哪里去。为什么呢？因为他们心里没有顾客。

想到这里，再加上那家生意红火的店给他的一系列启发，他开始想方设法去解决生意上的难题。很快，他的生意便有了起色。再后来，他的生意也做得红红火火了。当自己的生意做得越来越好时，他感慨道，只要能想办法解决难题，就能经受得住逆境的考验。一旦经受住了考验，逆境也会成为顺境。

有记者在采访曾荣获世界冠军的中国羽毛球国手熊国宝时，问了熊国宝这样一个问题："你能赢得世界冠军，最感谢哪位教练的栽培？"熊国宝想了一会儿，然后回答道："如果真要感谢的话，我最感谢的是自己对自己的栽培。正因为一直以来没有人看好我，才激发出了今天的我。"

原来，熊国宝刚开始只是被中国羽毛球队教练们选来给明星选手们当陪练的。没想到，熊国宝这个"小陪衬"，每天练球的时间比所有人都要长很多。拍子线断了，他就马上换一条；鞋子磨破了，他就粘一块胶皮；球衣漏洞了，他就补一块布上去。在零下十几度的冬天，他依然起大早去晨跑，持续锻炼体力。由于无比努力的付出，令他成为那些明星队友们的最佳练球对象，于是他的球技也因此获得了大幅度的提升。

那一年，他有幸入围参加了世界羽毛球大赛。第一场，他就遇到了该届大赛的某位种子选手。当时，没有人在意他是输还是赢，因为"他只是来做陪衬的"。但是，他却表现出了令所有人都吃惊的潜力。一场比赛一场比赛打下来，他竟然把每一个对手都淘汰掉了。在决赛上，他甚至战胜了被外界普遍看好的最有可能夺冠的队友，最后，登上了世界冠军的领奖台。

熊国宝的成功之路启示我们，逆境给了人们一个宝贵的磨炼机会。而只有经得起逆境考验的人，才能称得上是真正的强者。那些被大众崇拜的人，大多数都是抱着不屈不挠的精神，从逆境中挣扎奋斗过来的。卓越的人往往都有这样一个共同的优点：在不利与艰难的遭遇里百折不挠，最终经受住了逆境的考验，把逆境变成了自己的顺境。

不要再认为逆境只是折磨你的手段。逆境固然会带给你痛苦，但在逆境中，你的生存能力将会得到大幅度的提升，你成长的速度更会加倍。所以，珍惜每一次你遇到的逆境，想方设法利用好逆境，让逆境成为你的顺境。

# 勇于突破自我：做害怕的事，直到成功为止

　　每个人对于未知的东西都会产生恐惧，这是与生俱来的。为什么会这样呢？因为我们不知道在与未知的东西打交道时，会遭受什么样的损失，会承受什么样的后果。所以，在面临走进未知的未来还是停留在熟悉的现在的选择时，大多数人都会选择后者。

　　愿意折腾自己的人永远都是少数，大多数人都习惯了安于现状。现状即使有着种种的不如意，但至少是可以掌控的，看起来是安全的。除非万不得已，否则一般人都没有把自己置身于未知环境里的勇气。然而，不敢主动去做害怕的事，不能勇于突破自我，是不可能取得成功的。

　　毫无疑问，突破自我是需要勇气、胆色的，因为这也是一种冒险，毕竟要面对很多未知的东西。只是，成功者往往在勇于突破、敢于尝试的人中诞生。如果一直原地踏步，不敢迈出突破现状的一步，又怎么去进行尝试呢？如果你下定决心要做一个成功的人，就一定要从现在开始，尝试去做自己害怕但有利于自己成功的事，勇于突破自我，直到成功为止。

　　很多年前，在某所大学里，新校长刚一上任，便把大学食堂里的清洁工刘安辞退了。辞退刘安的理由居然是：刘安小学还没有毕业，文化程度太低，不配在大学

里工作。

突如其来的失业令刘安手足无措，要知道，他在这所大学的食堂里已经干了二十年。在这二十年里，他一直都是这个食堂里的一名清洁工，除了清洁工作，他根本没有做过任何其他工作。更何况，他是一个连小学都没毕业的人，失去这份工作的他，今后又该如何解决生计问题呢？可以想象得到，此时的他内心是多么的恐慌。

刘安正在一筹莫展时，突然听说邻居想把自己的杂货店转手出去。虽然从来没做过生意，但已经走投无路的刘安心想，这可能是自己一个谋生的机会。于是，他拿出自己所有的积蓄，以及被辞退时领到的补偿金，把邻居的杂货店给接手了过来。

在经营杂货店的过程中，刘安居然发掘出了自己做生意的天赋，很快就把杂货店发展成了小超市。再后来，小超市又变成了大超市；再后来，大超市成为超市连锁店！

许多年后，回忆起当初创业的契机，已经成为知名超市连锁集团老板的刘安不禁感叹道："以前偶尔也想过，如果不做清洁工，然后去做一点更赚钱的事，会不会更好。但因为害怕改变，不相信自己有做生意的能力，所以经常对自己说'做个清洁工也不错'，因此安于现状，总是不敢迈出尝试的第一步。也许我真该谢谢那位校长，正是他让我必须去做我害怕的事，结果让我发现原来我其实也有成功的能力！"

很多人在看到别人功成名就时，都会忍不住慨叹自己，为什么缺少成功的运气，为什么老天爷不眷顾自己。然而这些人却不知道，自己一直没有成功，是因为自己一直在拒绝着成功的机会。

如果没有突破自我的勇气，哪怕你身怀绝世武功，也不会有用武之地。正如上述案例里的刘安那样，曾经，只是做一名大学食堂里的清洁工就让他甘之如饴，安于现状了。虽然他也曾有过想要拼搏的梦想，但对于未知的恐惧却让他拒绝了一切可能通往成功的途径。直至有一天，现实将他逼到了绝境，他才不得不奋力一搏。

没想到这个时候他才发现，原来成功不仅仅是一种能力，更是一种选择的勇气。

正如身处茧中的毛毛虫，如果没有挣脱外面那层茧的勇气，根本不可能破茧成蝶，从而永远也无法飞向蓝天。人也一样，必须首先克服内心的恐惧，去做那些让自己害怕不已的事情，然后坚持一步步做下去，才能迎来真正的蜕变与成功，站在一个全新的高度上。

很多时候，不是成功不眷顾我们，而是我们不敢选择成功。不敢选择，是因为对未知的恐惧。所以，只有战胜了恐惧，我们才能迈向成功。在战胜恐惧的过程中，心理素质至关重要，只有内心强大的人，才能勇敢面对各种困难，然后想方设法战胜这些困难，从而在一个充满竞争与挑战的领域里，拼出一块属于自己的领地。而那些心理素质差、内心不强大的人，即使有尝试的勇气，也会因为不能突破自我，最终在不断出现的困难面前败下阵来。

有一家保险公司为了让新员工的业务水平提高，为公司带来更好的效益，便请了一些一流的业务高手来培训他们。没想到，经过半年多培训的这批新员工，在接下来的半年里，一个又一个选择了辞职甚至改行！

公司高层百思不得其解。最后，还是老板的一位心理学家朋友给大家提供了一个靠谱的答案：经过培训，新员工们的确培养了高超的业务水平，但他们却缺少了保险业务员最重要的素质——众所周知，想做保险业务员就必须拥有极强的心理承受能力，这样才能让他们在推销保单时忍受旁人的白眼和一次次的失败。成功最需要的很可能不是娴熟的技能、渊博的知识，而是强大的心理素质。

其实我们观察一下那些取得了巨大成功的人就能够发现，成功的人未必有着比其他人更娴熟的技巧或者更聪明的头脑，但他们必定拥有强大的心理素质、百折不挠的精神和越挫越勇的乐观态度。因为成功的道路上布满了失败与挫折的陷阱，哪怕你再小心，都会不可避免地掉落其中，如果你内心不够强大，心理素质不过关，那么在这些挫折与失败的打击之下，很可能还未抵达成功的彼岸，便已经在半途上自动选择了放弃。

人们都喜欢成功之后的果实，却又都害怕面对通往成功的路上必然要遇到的各种未知、危险和失败。然而，如果你想要吃到成功的果实，就一定要勇敢地去面对你害怕的事，勇敢地向前迈进，不断地突破自我。

很多时候，在你勇敢尝试、不断突破自我的过程中，往往会挖掘自己身上巨大的潜能、天赋，帮助你渡过一个又一个难关，克服一个又一个困难，笑对一个又一个失败，最终吃到成功的果实。

勇敢去做那些你害怕做的事情吧！勇敢去尝试那些令你恐惧的东西吧！勇敢去突破自我吧！当你战胜了过去的自己，战胜了未知的恐惧后，你会发现自己正在不断的蜕变中迎接着灿烂辉煌的明天的到来！

# 勇于挑战不可能，主动磨炼出最好的自己

世界上总会有一些喜欢投机取巧的人，也总会有一些愿意脚踏实地做事的人，还总会有一些勇于挑战不可能、事事冲到最前面、想方设法完成艰巨任务的人。

无论在生活还是工作中，面对那些看似完不成的任务，或者不可能完成的任务时，只要有最后一种人出现，事情就总会向良好的方向发展，且最终会把可能完不成的任务按时完成，把看起来不可能完成的任务圆满达成。

维特是纽约某公司的一名生产工人。他刚入职这家公司时，这家公司的规模还很小，只有三十多人。当时公司正面临这样的难题：许多市场迫切等待开发，但公司却没有足够的财力与人力。

维特了解到公司的这个现状后，马上主动请缨，申请加入公司的营销队伍中去。当时，公司正在招聘营销人员。通过各项测试后，结果显示维特确实也挺适合从事营销工作的，于是营销部经理就同意了维特的申请。

由于人手实在有限，公司只能让一个人去开发一个地方的市场。维特被派往了美国西部的一个城市。他马上只身去了那个陌生的城市。在那里，他不认识任何人，刚开始时甚至连吃住都成了问题。无论面对任何困难，维特都没有过丝毫退缩。没有钱乘车，他就步行，一家客户一家客户地去拜访，向他们推介自己公司的

产品。为了等一个约好见面的客人而饿肚子，对他来说是常有的事。

在这座陌生的城市里，维特过得异常艰苦。他租住的是某户人家闲置的车库，只有一扇卷帘门，没有电灯，晚上一旦关上门，屋里就没有一丝光线了。这座城市的气候条件也极其恶劣：春天经常刮沙尘暴，夏天经常下冰雹，冬天却经常下雨。

生活在如此艰难的环境里，思想上不动摇是不可能的。但每当意志动摇时，维特都会对自己说："这是我主动选择挑战的，我必须忠诚于我的承诺，忠诚于我从事的这份工作，我要对它负责，无论遇到任何困难，我都不能抛弃它！我要做的是想办法战胜困难。"

一年后，被派往各地的营销人员陆陆续续都回到了公司总部。在这其中，有六成的人早已不堪工作的艰辛与生活的重负，悄悄地离职了。最终，在统筹全年业绩的时候，维特的业绩非常耀眼，因为他排在了全公司所有人业绩里的第一位。换言之，维特成为公司里的业绩冠军。业绩最好的员工当然应该得到最好的回报。公司给了维特很丰厚的奖励。三年后，维特成为公司的市场总监。而这个时候，公司已发展成为一个拥有上千名员工的企业了。

维特主动选择挑战自己，去到异常艰苦的环境，最后不但坚持了下来，还超额完成了"不可能"的任务，成为业绩冠军。

为什么维特能做到这些？因为他拥有勇于挑战不可能的精神，所以才会敢于主动去最艰苦的地方开拓市场，无论遇到了什么样的艰难困苦，都无所畏惧，然后想方设法地解决遇到的问题与困难。因此，他才会成为公司的业绩冠军，才会被公司重用。

勇于挑战不可能，更容易追上成功的步伐。因为在挑战不可能的过程中，你的所有潜能都会被充分地发挥出来，你的能力会被迅速提升到很高的程度，从而帮助你大大缩短与成功的距离。

让自己去挑战不可能，主动逼迫自己去做最好的自己，虽然看似对自己过于无情，但如果你想要成功，这是必经之路。当你各方面的能力都迅速提升到了很高的程度后，你就会拥有强大的竞争力，能够有资格成为你对手的人都会越来越少。正

214

是因为勇于挑战不可能、逼迫自己做最好的自己有如此大的好处，所以那些真正意识这一点的人，才会主动找机会挑战不可能，在更短的时间里做最好的自己。

西奥多·罗斯福是美国历史上公认的意志最坚定的领导人，他也常常自诩为"自我塑造的人"。但没有人天生伟大，西奥多也并非生来如此。西奥多小时候被哮喘病所困扰，虚弱得甚至连吹灭床头蜡烛的能力都没有。关于自己的童年，他是这样形容的："一个体弱多病的男孩和一段悲惨的时光。"当时他父母甚至不敢肯定他能否长大成人，好在他还是长大成人了。据他回忆，他小时候既虚弱又笨拙，所以对自己毫无信心。对他来说，当时迫在眉睫的是训练自己的身体，强化自己的意志和精神。当时，小小年纪的他就已经明白，要想成为自己希望的那种人，就必须通过主动挑战"不可能"来进行自我磨炼，从而塑造强大的自己。

在詹姆斯·斯特洛克撰写的《罗斯福的领导艺术》一书里，我们能看到西奥多·罗斯福是怎样努力地进行自我塑造的："泰迪振作了起来，为发挥出自己所有的潜能，他听取了父亲的教诲：'你必须重新塑造你自己的身体！'……人们没有选择原地踏步的权力；在奋斗的一生中，无所事事只会成为致命伤。"

不断挑战"不可能"、努力逼迫自己磨炼成最好的自己的西奥多·罗斯福，后来成为美国历史上最年轻的在任总统；由于成功调停了日俄战争，他获得了诺贝尔和平奖，同时他也是第一个获得此奖项的美国人；他被美国权威期刊《大西洋月刊》评为影响美国的100位人物之一，并且排在了第15位；他的独特个性和改革主义政策，使他成为美国历史上最伟大的总统之一。

著名记者亨利每每回忆起自己与西奥多的谈话，总是充满敬佩之情，他对西奥多说过的话一直记忆犹新："关于我一生经历的各种战役，人们谈论很多。其实，最艰难的一场战役只有我一个人知道，那就是战胜自己的战役。"西奥多对自我的磨炼贯穿了他的一生，无论是朋友还是敌人，都公认他的果敢和坚韧。

为了让自己变得更出色，变得足智多谋、不屈不挠，更为了充分发挥我们的潜能，我们唯有通过自我锤炼来实现从平庸到优秀的蜕变。当你能够主动挑战自己、逼迫自己、磨炼自己时，你会发现我们比想象中要强大得多。

主动挑战"不可能",主动逼迫自己,磨炼自己,让自己跟自己较量,最终的目的是要战胜自己,战胜自己身上一切拖自己成功后腿的东西。挑战、逼迫、磨炼过自己之后,我们会发现自己身上竟蕴藏着如此巨大的潜力、天赋,就如同火山内部沸腾的岩浆一样随时准备着喷薄而出,也只有这样才能让我们收获到许多意想不到的巨大好处。

# 勇于面对危机，把握好里面潜藏的机遇

我们每个人恐怕都遭遇过或大或小的危机。在遭遇危机后，有些人靠自己的能力战胜了危机，大多数人则是借助他人力量的帮助才最终度过了危机。当我们解决不了的危机降临到我们身上时，很多人都会焦虑不安，怨天尤人，逃避困难甚至坐以待毙。这些都是不可取的，不但改变不了任何现状，还会让危机不断加深、蔓延。正如刚才所说，假如你自己解决不了危机，完全可以寻求帮助。

危机其实并不可怕，可怕的是对危机的恐惧感。如果在危机到来的时候，我们能够沉着冷静地思考对策，敏锐机智地化解危局，很可能会从中发现对我们发展非常有利的契机。切记，"危机"这个词也可以理解为"危险+机遇"。如果你能够成功地处理掉"危险"，然后把握住"机遇"，你反而能从中收获巨大的成功。很多企业界的成功人士，都有过勇于面对危机，然后通过发现和把握危机里面潜藏的机遇，最后大赚特赚的经历。

对于依靠种植棉花为生的棉农来说，如果出现了象鼻虫灾害，无疑是一场巨大的灾难。象鼻虫是北美洲地区棉花田里的一种害虫，只要棉花沾染上了这种虫害，棉农就会损失惨重。然而，美国亚拉巴马州有一次发生的一场特大的象鼻虫灾害，不但没有让这个州遭受灭顶之灾，还迎来了前所未有的经济繁荣。

据史料记载，1910年，一场特大的象鼻虫灾害狂潮般地席卷了美国亚拉巴马州的棉花田，这种害虫到处肆虐，令成千上万顷棉田毁于一旦。棉农们遭受了巨大的经济损失，当地的经济发展受到了重创。亚拉巴马州是美国主要的产棉区，那里的人们世世代代靠种植棉花为生。每次发生象鼻虫灾害，棉农和该州的经济都会受到不同程度的损失。这次的特大灾难让棉农们意识到，仅靠种植棉花为生风险太大了，一旦爆发像这次一样严重的灾难，所有人都会受到毁灭性的打击。

从那次特大灾害后，当地很多人都开始寻找新的出路，有不少人开始种植起了玉米、大豆、烟叶等农作物。尽管棉花田里还有象鼻虫，但由于田地里播种了多种农作物，只要少量的农药就可以抑制。最令当地人兴奋不已的是，多种农作物的经济效益远远高于单纯种植棉花。自从种植起了多种农作物后，农民的收入普遍都增加了4倍以上。亚拉巴马州从那时候起大力发展多种经济作物的种植，结果这个州的经济从此走向繁荣，老百姓们也变得越来越富裕。

后来，当地人认为，这里经济的繁荣应该归功于那场象鼻虫灾害，正是象鼻虫让他们学会了在棉花田里套种别的农作物，正是这场灾难让他们得到了发展经济的大好机遇。所以，亚拉巴马州政府决定，在当初象鼻虫灾害的始发地建立一座高大的纪念碑。而碑身的正面用英文写上了这样一行金色的大字："深深感谢象鼻虫在繁荣经济方面所做出的贡献！"

没有人愿意遭受危机，但当危机降临到我们身上时，我们是否能主动面对危机，然后想方设法处理掉其中的危险，同时从中发现并把握住里面潜藏的机遇呢？一个人能否化解危机并发现其中的机遇，才是他能否获得财富、赢得成功的关键。所以遇到危机的时候，不要怨天尤人，更不要坐以待毙，而应该以积极的心态去面对危机，拿出更大的勇气和智慧来，发现危机里潜藏着的机遇，然后好好地利用这个机遇，作为我们成功的转机。

有这样一家小吃店，店名叫作"怪难吃"。通常，开饭馆的人都害怕食客说自己的东西难吃，但为什么这家店会叫这个名字呢？更奇怪的是，这家店的生意还很好。通过一番了解才知道，这家店的店名原来还真有一段来历呢。

"怪难吃"小吃店的老板叫朱伟明，原来是一家国有工厂的工人，后来被迫下岗了。刚下岗时，凭借祖父小时候教他做的一种名为鸡柳的小吃，他开了一家店名叫"好美味"的小吃店。然而，像他当时这样的小店附近非常多，店名也一点都不响亮，所以生意很差。有一次，一位顾客刚刚将鸡柳吃到嘴里，就开口大骂道："这算什么好美味呢，纯粹是'怪难吃'。"

朱伟明被这个顾客突然骂出来的一句批评的话搞懵了。原来，他因为生意不好，情绪不高，不小心放错了调料，令鸡柳的味道变得很糟糕。当他反应过来后，连忙向顾客赔礼道歉。没想到，那个顾客还在不依不饶地骂道："好美味是假，怪难吃才是真！你家的鸡柳做得这么难吃，还好意思要钱吗？"这时，旁边的一些同行也幸灾乐祸地大喊道："好美味就是怪难吃啊！"

更过分的是，第二天他开摊时发现有人竟然用毛笔在他的店门旁写下了"怪难吃"三个大字。这分明是要把他往死里逼啊。看着这几个大字，他快被气死了。他正想把这三个字擦洗掉，但突然间却想："我干脆把店名改成'怪难吃'算了，说不定还能起到很好的效果呢。反正现在生意也不好，早晚要关门大吉，就赌一次吧！"

没想到这一"赌"就成功了。自从店名改成"怪难吃"后，顾客竟然一天天多了起来。他跟那些顾客一问，原来那些顾客真的是冲着这个奇怪的店名来的，因为他们都想知道"怪难吃"到底是什么滋味，是不是真的很难吃。不过，在吃过之后，顾客们都对他家的鸡柳大加赞赏，"怪难吃"小吃店也开始有了名气。到后来，这家店的门口经常会排起长长的队伍，生意好得不得了。作为老板的朱伟明自然赚得盆满钵满。

古人说得好，"塞翁失马，焉知祸福。"顾客的责骂对于朱伟明来说当然是很不利的，再加上同行们的挤兑，这些无疑都是他所经历过的最大的危机。但是，他并没有气馁，更没有放弃，反而从中获得了灵感，在不利的因素里找到了有利的因素，在顾客的责骂中发现了商机，最终把危机变成了自己致富的转机。

朱伟明的故事启示我们，在遭遇到危机时，我们不能只看到危险，还要能看到机遇。既然人生道路上的种种危机我们无法躲避，我们何不在遭遇危机时，勇于面对危机，冷静思考，积极应对，在危机中寻找到转机，让自己化险为夷；甚至让自己在危机里发现并把握好里面潜藏着的机遇，帮助自己致富或者成功。

## 第九章

**拼出未来：**
用努力拼搏将你的"队伍"变成
命运宠儿

# 那些才华横溢的人都那么拼命，我们怎能不努力

相信很多人都知道《龟兔赛跑》的寓言故事。一只乌龟和一只兔子进行跑步比赛，兔子跑得很快，一下子就跑到前边去，连影子都看不到了。乌龟跑得很慢，但一直都在努力地往前跑。然而，兔子跑到半路上时看到乌龟还远远没有赶上来，所以就偷懒睡了一觉。结果，当兔子醒过来再往终点处跑去的时候，乌龟已经在那里等着兔子了。

不知道这则寓言故事是讽刺兔子的懒惰，还是赞美乌龟明知不敌依然永不放弃，最后坚持跑到了终点，意外获胜。如果是前者还得过去，如果是后者，乌龟的获胜就实属偶然。当然，寓言毕竟只是寓言，无论想表达什么意义都无可厚非。

在现实社会里，如果我们用"兔子"来形容那些学历很高、才华横溢或者家境很好的人，用"乌龟"来形容学历一般、才华一般、家境一般的人，那么我们面临的真实状况往往是，每一只"兔子"都在努力奔跑，并没有整天睡懒觉。反而有些"乌龟"因为安于现状，追求所谓的安稳生活，不敢直接参与竞争，结果不但没有加快速度，反而跑得更慢了。

只要我们稍为留心就会发现，那些占据人群里数量比较少的"兔子"们，比占据人群里数量比较多的"乌龟"们要努力多了。无论我们承不承认，这都是我们无

法忽视的一个事实：那些远比我们有才华的人，往往比我们更拼命。

汽车修理工白登自从进入某汽车修理厂工作的第一天起，就没停止过抱怨。每个和他打过交道的人，都听他抱怨过。什么事情都会成为他抱怨的对象和内容。例如，他会抱怨工作环境太差，抱怨工作太累太让他讨厌，抱怨工资挣得太少等等。

在工作的时候，白登表现得也不像是一个合格的员工。只见他在工作过程中常常表现得有气无力的样子，做事慢慢吞吞的；对工作也不认真，马马虎虎的，还爱偷奸耍滑。他每天都像是被迫来上班似的，看到他工作得如此煎熬，大家都替他难受。

时间过得很快，白登居然已经在修理厂里工作了三年。当初与白登同时进厂的三个工友，各自凭着精湛的手艺，或另谋高就，或被公司送进大学进修，只有资质平庸的白登，依然天天在抱怨声中做着他讨厌的修理工。

本身资质平庸，还爱整天抱怨，这样的人就好像戴了一顶有窟窿的破旧草帽，偏偏又遇上了一场瓢泼大雨，会面临一场双重"灾难"。如果自己什么都不如别人，还不好好努力，反而寄希望于那些才华横溢或别的条件比我们好的人"睡一个懒觉"，这样的愿望恐怕要落空了。

新东方教育集团创始人俞敏洪在他的一次演讲里坦言，自己智商很一般，但是比别人都要勤奋。这肯定是他的谦辞，试想，毕业于北京大学的学生，智商能差到哪里去？他本身一定有很突出的学习能力。

他在演讲里谈到了自己每天都要工作16~18个小时，如果不算应酬的时间，一日三餐的时间加起来也没有一个小时长。早上一般六点起床，晚上十二点睡觉，每天早晨都要洗个澡，热水、冷水都可以，目的是唤醒自己。在条件不允许的时候，就用一盆水浇一下。

像俞敏洪这样自谦智商一般，其实能力卓越的人，有自傲的资本却不以这种条件自傲，还比我们大多数人都要努力。难怪他会取得如此巨大的成就。这告诉了我们，比我们有才华的人，比我们努力得多。

其实，世界上到处都是有才华的成功人士。可怕的是这些有才华的成功人士，无论是过去、现在甚至将来，都要比绝大多数人要勤奋努力得多！我们不妨看一看世界网球巨星德约科维奇在其自传里写的这几段话，看看他每一天都是怎样度过的："我每天早上起床后会先喝一杯水，然后开始做20分钟的伸展，有时会再做一下瑜伽或者打太极。我的早餐是经过精密设计的，这让我的身体有足够的能量去面对这一天——每天早晨几乎都是一模一样的。接着我会在八点半左右和教练以及物理治疗师会合。然后，他们会时时刻刻都与我形影不离，盯着我吃的喝的每一样东西，盯着我的每一个动作，直到我上床睡觉。他们一整年来天天陪着我，无论是在5月的巴黎、8月的纽约，还是1月的澳洲。

"我每天早上要跟陪练伙伴对打一个半小时，中间用温水补允水分，会吸几口防护员为我特别调制的运动饮料。他会按照我每天的需要，仔细斟酌维生素、矿物质和电解质的量。然后我再做伸展、按摩，接着吃午饭——避开糖和蛋白质，只吃适合我的无麸质、无乳制品的碳水化合物。

"再就是负重训练时间，用哑铃或弹力绳练1个小时左右——每一组动作都要用高磅数弹力绳、低重量哑铃做一遍，最多要做20组动作。下午会喝一杯物理治疗师调制的高蛋白饮料，含有萃取自豌豆的医药蛋白。接着再做一次伸展，然后是另一堂训练课程，练球90分钟，看着发球和回球有没有不顺或动作走样的地方。然后再做第四次伸展，也可能再按摩一次。

"到了这个时候，我已经连续训练接近8个小时，还有一点时间参加公关活动，通常是记者会或小规模的慈善活动。然后就吃晚饭——高蛋白、沙拉，没有碳水化合物，没有甜点。之后我可能会看书1小时左右，通常是自我提升或心灵冥想方面的书籍，或者是写日记。最后，上床睡觉。这就是我'休假日'的样子。"

早已经功成名就、天赋满满的德约科维奇，却将每一分每一秒都用在了刻苦努力上，甚至连休假日都如此努力，这让我们又一次感慨，那些比我们有才华甚至比我们成功得多的人士，却比我们还要拼命，我们又怎能不努力呢？只可惜，世界上人数更多的是不怎么努力却总爱夸夸其谈自己有多辛苦、多不容易的人。

美国"超级模特"卡莉·克劳斯是一个标准的美国"90后"。与其他超级模特不一样的是，除了颜值很高，身材火辣外，她还是一名"学霸"。她的人生本身就可以称得上是"开挂的人生"，她是"维多利亚的秘密"内衣品牌的签约模特，却在最红的时候急流勇退，和维密解约。她将学业当作是最重要的事情，于是，这位超级模特上了纽约大学，在那里学习如何编写程序。

在德约科维奇、克劳斯这样的人面前，我们确实只是一个普通人。然而，这些才华横溢、天赋满满甚至功成名就的人物都没有浪费过自己的人生，他们一直都是那么的拼命努力，作为一个普通人，我们又有什么理由不努力呢？

# 最怕你做做样子，还以为自己非常努力

时不时会听到有人这样抱怨："为什么我这么努力，还一事无成？""我付出了那么多，回报却那么少，老天爷真不公平！""我每天第一个来到公司上班，最后一个下班离开公司，我这么努力，为什么老板却从来都不重视我？"

其实，如果你真的努力到了一定程度，不可能一事无成；老天爷是很公平的，如果你真的付出了足够的努力，老天爷一定会给予你足够多的回报；你如果是公司里最努力的人，老板是一定能看得见的，如果老板一直不重视你，说明你还不是很努力。

很多时候，我们以为自己非常努力，其实只不过是做做样子而已！每天花20个小时看武侠小说、言情小说，也是在看书，但这样的努力付出得再多，也不会让你考上名牌大学。你说你付出了很多，付出的地方对吗？如果你整天都是事倍功半甚至在做无用功，你做得再多也不会有什么回报。你来公司再早、离开公司再晚，如果不能想方设法做出好业绩、提供好成果，就不能称之为努力！

努力是什么样子的呢？我们不妨看看下面这几个人的努力。

相信很多人都看过电视连续剧《欢乐颂》。这部以女性为视角的电视剧，讲述了曲筱绡、安迪、樊胜美、邱莹莹、关雎尔等五个女生的故事。很多人在看这部剧的时候，关注的都是女生之间的爱恨情仇，也有一些人关注的是王凯、靳东等"男神"。然而，又有多少人能从这部电视剧里悟出几分道理呢？例如，有几个人关注到了关雎尔的努力？

关雎尔，一个出生和成长在小康家庭、衣食无忧的乖乖女，一直都知道自己需要什么，也一直努力地向着自己的目标前进。当曲筱绡拜托安迪帮她做企划案的时候，关雎尔也利用这个机会主动前来帮忙，她的目的是要向自己心中的偶像安迪学习。此后，她也每天早上和安迪一起跑步，不放过任何一个学习的机会。这就是关雎尔，一个一直努力进取的人。

越是成功的人越是懂得努力的重要性。例如在2016年获得美国"奥斯卡终身成就奖"的成龙就是一个数十年如一日努力的人。

今年64岁的成龙，主演过几十部电影，其中大多数都是动作片。在片场里，成龙的拼劲儿让每个人都会竖起大拇指。他拍动作戏从来不用替身，很多极其危险的动作都是自己亲自来完成的。相比于现在有些年轻演员动辄就用替身的种种表现，简直是一个天上，一个地下。

台湾资深出版人何飞鹏在工作上有着近乎执拗的认真精神，这在业界有口皆碑。1978年，何飞鹏开始进入台湾《工商时报》工作。当时还是新记者的他，没有多少从业经验，但每天工作都热情高涨。第一天出去做采访时，他八点钟就从报社出发了。然后他在一天时间内拜访了八个单位，中午只在路边摊简单地吃一碗面，然后又骑着摩托车继续去采访。当时大家都说："没见过这么认真的记者。"

刚开始时，何飞鹏的专业知识不足。为了能在采访中与受访对象的很好地交流，他想到了一个"笨方法"，就是把对手报纸台湾《经济日报》通读了一遍，一个字都不放过，这些专业名词像天书一样在他脑海里打转，但他还是硬读了下来，连广告也不放过，如果碰到不理解的，就先死记硬背下来。但他的这个方法奏效了，一段时间后，他已能把各种专业词汇把握得挺准确了。如果你能做到像何飞鹏一样的拼，可能成功离你已经不远了。但事实往往是，我们总在假想自己很拼很努力。

最怕你做做样子，还以为自己非常努力。真正的努力，并不是靠嘴巴说说而已。真正的努力，周围的人都能很容易看得出来。真正的努力，是由心而发的，而不是只浮于表面。真正的努力，是用高效的工作、优异的业绩、亮眼的成果来证明的。

互联网上有这样一句话，说得非常有意思："减肥没有那么容易，每块肉都有它的脾气。"相信那些准备开始减肥、正在减肥或者已经减肥成功的人，对这句话体会最深。有一些胖了很多年、怎么减也减不下来的人经常感慨道："减肥之难，难于上青天。最开始时，意志力最坚强，可以做到饿着肚子也坚持不吃，运动到全身酸疼也大喊不放弃，但是随着时间的推移，日子一天比一天难熬，开始那些感觉尚能坚持的事情，后来却变得越来越困难。"

A君的减肥之路也很类似。第一周，他能做到每天早餐吃一个鸡蛋，一片面包；中午吃少许青菜，一碗汤；晚上吃一个苹果，一杯牛奶；另外健身房跑步一个小时，加器械一个小时。但是第二周他安慰自己上班需要能量，不能在吃饭上亏待了自己，于是减肥食谱放弃了，运动还在坚持。第三周他连运动也坚持不下去了，他发现运动完更加饿，根本受不了。于是，他的减肥之路只走了三个星期，便"无疾而终"。

我们自以为的努力，其实又何尝不像失败的减肥一样呢？例如，有人为了考职称，第一天晚上可以认真读书两个小时，第二天晚上则一边听歌一边看书，第三天晚上干脆看十分钟书，玩了半个小时网络游戏，然后又看十分钟书，之后便睡着了，第四天干脆把书放回了书架，放弃了。但当我们和他人谈起这件事时，我们也会说自己真的很努力了，只是最后没有成功。

最后，让我们来看一看那些从来不做样子、每天都在拼的人，具体是怎么做的。先为你介绍斯蒂芬·埃德温·金，美国著名畅销书作家，以高产著称，获奖无数，很多部小说都被改编为了电影或者电视剧。例如，我们熟知的经典电影《肖申克的救赎》就改编自他的小说。据说，他每年只有三天不写作，其他的日子里每天都在写作。这三天分别是他的生日、圣诞节以及美国独立日。再为你介绍村上春树，日本著名作家，一生都执着于两件事：写作和跑步。他可以伏案写作五六个小时，也会每天跑10千米，这一坚持就是很多年。

最怕你做做样子，还以为自己非常努力，除了浪费时间，辜负青春，什么好结果都没有。那些取得了巨大成就的人，无一例外都是在过去付出了实打实的努力的，而且是数年、十数年甚至数十年如一日地坚持努力，难怪他们会取得绝大多数人都无法企及的伟大成就。如果你也要有所成就，就请马上开始实实在在地努力，坚持不懈地努力。

# 为了梦想不变成镜花水月，你必须努力拼搏

无论是谁，年轻时都一定拥有过一个梦想。很多人在年轻的时候也都曾为了梦想的实现，付出过或多或少的努力。但在追求梦想成真的道路上，有些人在半途中就已放弃了，有些人在遭遇失败后便不敢再做梦，更有些人在还没有踏上这条道路之前，就已打了"退堂鼓"！到最后，真正实现了自己梦想的人，少之又少。当一个人踏入中年的门槛后，便不再喜欢谈梦想，这个年纪的人们，都开始喜欢谈生活了。

追逐过梦想的人，哪怕最终失败了，有些不甘心，却也至少没有遗憾。最可悲的是那些尚未看到结果就放弃的人，他们永远不会知道，在追逐的尽头，等待他们的究竟是功败垂成的落寞，还是梦寐以求的成功果实。

对于那些没有实现梦想的人来说，每个人都有各自放弃梦想的理由。这些理由，有的看起来挺无奈，有的看起来挺可笑，也有的看起来挺可悲。有的人曾梦想成为歌唱家，却因为不可避免的意外而失去了优美的声线，结果梦想破碎，这种情况着实令人叹息。有的人曾梦想成为一个记者，却因为家人的强烈反对而最终选择考入机关单位，成为一名公务员，因为这样的原因导致梦想的破碎，实在让人同情不起来。有的人梦想成为一名当红明星，然而除了整天把自己打扮得花枝招展，想

着什么时候被"有眼光"的星探发现之外，没有任何别的努力与付出，结果最后梦想破碎，这样的结局其实再正常不过。

如果你也曾有过梦想，并且还为它努力付出过，最终你的梦想却难逃成为镜花水月的命运，那么在感叹与悲伤之前，请先想一想，你的梦想是如何破碎的，你曾为你的梦想付出过什么，努力过什么。如果你只是按部就班地像所有人那样生活，如果你只是把实现梦想的希望寄托于命运与机遇，那么即使你的梦想成为镜花水月，你也没必要悲伤，因为你真的只是把梦想当成了一个白日梦而已。如果你把梦想当成是你年轻时生活中最重要的东西，你一定会付出所有，不断拼搏，直到梦想成真为止，否则是绝对不会让梦想成为镜花水月的。

休斯·查姆斯在担任美国国家收银机公司销售经理期间，公司曾一度遭遇财政危机。如果这次危机处理不好，很可能导致他手下的上千名员工集体失业。当销售员们都知道了公司发生财政危机的事后，其中的很多销售员都失去了工作热情，开始敷衍了事。这很快便导致公司的销售额直线下降。看到情况越来越严重，公司销售部门只好马上召开全体员工大会，在美国各地的销售员都被通知回来参加。查姆斯负责主持了这次会议。

会议开始后，查姆斯首先请几位曾经的销售尖兵站起来，要求他们说一下销售业绩下跌的原因。他们每个人都有一段理所当然的悲惨遭遇：市场大环境疲软、没有足够资金进行促销、人们希望美国总统大选结果揭晓后再去买东西等等。当第五位销售员开始讲述自己遇到的种种困难时，查姆斯突然站到了会议桌上，然后高举双臂，示意大家安静。然后他说道："诸位，我宣布大会暂停10分钟，请允许我把我的皮鞋擦亮一下。"他刚说完，一位黑人擦鞋匠便来到了他面前，开始帮他擦了起来，而他就站在会议桌上一动也不动。

大家都惊呆了，有些人以为查姆斯脑子出问题了，便开始窃窃私语。与此同时，那位黑人擦鞋匠丝毫不受影响地工作着，整个过程都表现出了第一流的技术。皮鞋擦完之后，查姆斯给了他10美分，然后继续他的会议。

"我希望你们每个人都好好看看这个小伙子。他得到了在我们整个工厂及办公室里擦皮鞋的特权。在他之前，做这项工作的是一位白人小伙子，年纪比他大。尽管公司每周补贴给他5美元的薪水，而且我们公司有数千名员工，但他仍然无法赚到基本的生活费用。而现在的这位小哥，他不需要公司补贴，就可以赚到相当不错的收入，每周都能够存下一些钱来，尽管他和他的前任的工作环境以及工作对象完全相同。那么现在我想问问大家，之前那位擦鞋的白人小哥赚不到更多的钱，是谁的错？是他的错，还是他顾客的错？"

"当然是他的错！"销售员们大声回答。

"正是如此。现在我想说的是，你们现在工作的大环境和一年前相比，几乎没有变化：同样的地区、同样的对象，以及同样的商业条件。然而，你们的销售业绩却一落千丈，这是谁的错？是你们的错？还是顾客的？"

"当然是我们的错！"销售员们又一次大声回答。

"很高兴你们愿意承认自己的错误。你们的错误在于，当听到关于公司财政危机的谣言后，工作热情便衰退了，你们不再像之前那样努力了。事实上，只要你们回到自己的工作岗位，并保证在30天之内，每人卖出5台收银机，那么，公司的财政危机就解除了，而你们也将获得很大的收益。你们愿意这样做吗？"

"当然愿意！"大家又是异口同声，事实上后来也果然办到了。那些他们曾经强调的种种困难统统消失了，在下一个月，所有销售员都超额完成了任务。

无论是年轻时梦想的破碎，还是职场里工作没有做好，很多人都首先会把责任推卸到别人身上。例如，梦想变成了镜花水月，他们就会怪社会，怪父母，怪命运，怪运气，怪老天爷。又如，工作出了纰漏，他们会认为责任在某某同事身上，或者在某某领导身上，或者在某某下属身上，又或者是市场的原因等等。他们就是不认为主要原因在自己身上。

然而，所有为失败寻找的理由、借口，都不过只是平庸者对自己不思进取的粉饰，对于不愿尽力的人来说，工作终究只是工作，梦想终究只是梦想。

世界从不曾为难你，但世界也绝不会无缘无故给你优待。面对破碎的梦想，忙着去责怪其他人之前，先好好想想，你究竟曾为了它付出过什么，你的付出又是否对得起你的渴望。归根到底，如果你想让你的梦想实现，不会成为镜花水月，就一定要不断为之努力拼搏，就像那位黑人擦鞋匠一样为了自己的梦想而踏踏实实地努力。

# 成功没有偶然：一切逆袭，都是有备而来

最近这几年，人们很喜欢用"逆袭"这个词来形容人生质的飞跃。怎么理解"逆袭"这个词呢？刚开始时大家都不看好的某个人（或者团队），后来却像黑马一样超越了包括种子选手在内的所有竞争对手，成为最后的终极大赢家，这样的出乎大多数人预料的转折过程，就叫作逆袭。

如果要举一个很有代表性的逆袭成功的例子，首推明太祖朱元璋的成功历程。朱元璋从小无父无母，无依无靠，很小的时候就当了一个小乞丐，后来快要过不下去了，就出家当了一个小和尚。十几岁的时候出来当兵打仗，小命随时不保。再后来带着一支军队与陈友谅争天下，险些失败。但到了40岁的时候，他却当上了明朝的开国皇帝！在中国那么多皇帝里，朱元璋的出身算是最低微的了，所以称得上是最强逆袭。

有人认为，逆袭才是成功中的成功，因为这说明该成功者是在一无所有甚至四面楚歌中一路走过来的，可以借助的力量微乎其微，必须不断积累个人实力，还要有强大的意志力以及背水一战的决心。笔者认为，这里面还是个人实力的积累最重要。因为一切成功的逆袭，都是有备而来，水到渠成。只是他的终极实力之前还没有完全暴露到大家的面前而已。

很多人想做一个超级英雄，想要来一个惊天动地的逆袭，想让昔日看不起自己的人刮目相看。然而，如果不做好任何准备，就如同第二天要考试了，现在脑袋里还空空如也，那么即使上了考场，你又能考得出什么好成绩呢？好成绩不是想出来的，是刻苦学习出来的。同理，无论你是想在职场成功或者自己创业成功，最能依靠的都是"努力"二字。只有量变才能引发质变，若是等到机会来了，才想到要去改变，那一切就都晚了。

香港著名电台主持人梁继璋在写给儿子的信中说过："虽然很多有成就的人士都没有受过太多的教育，但这并不等于不用功读书就一定会成功，你学到的知识，就是你拥有的武器，人，可以白手起家，但不可以手无寸铁，谨记！"这启示我们，想要逆袭，你首先必须要足够的优秀，优秀到可以匹配那个巅峰时刻。

畅销书《致加西亚的信》的作者阿尔伯特·哈伯德出生在美国伊利诺伊州的布鲁明顿。阿尔伯特从小家境就优于其他孩子，这让他有了一个无忧无虑的成长空间。虽然拥有优越的生活，但他却一直想着去创立一番专属于自己的事业。

为此，他孜孜不倦地学习，还特别挑选适合自己未来创业的书籍进行阅读。随身带着一本书已经成为他的一个习惯，一有空闲时间，他就会翻开书学习。后来，他进入出版领域。在周密考察了欧洲出版市场后，他又向很多位前辈进行了虚心请教。然后，他的出版公司就成立了。由于前期准备工作充分又到位，所以出版公司经营挺顺利，很快便走上正轨。

出版公司的成功并不能让他停下前进的脚步。通过一段时间有针对性地观察，他发现自己居住的纽约州的东奥罗拉已经渐渐成为人们度假旅游的最佳选择之一，令他惊喜的是，当地旅馆业发展得还不怎么好。

这样的商机绝不能错过！于是他决定接下来进军旅馆业。在对旅馆业进行了周密的调研和充分的准备后，他没有选择重新开一家旅馆，而是接手了一家，然后按照自己的理解，里里外外重新装修了一番。在装修过程中，他有意识地了解游客的需求、喜好和习惯。他发现，大部分游客来这里度假，主要都是想从忙碌的工作中暂时解脱，彻底放松一下。于是，他考虑到游客喜欢的旅馆风格应该是简洁的，所以他将这个想法融入到了家具的设计上，结果真的获得了游客们的一致赞扬与喜爱。

阿尔伯特聪明且很有远见，还一直都在积极主动地储备能量，提升自我，不断更新自己的知识与经验，所以无论是在出版业还是旅馆业，他都取得了巨大的成功。尽管之前阿尔伯特一直没有从事过出版业和旅馆业，但他一进入这两个行业，就马上取得了巨大的成功，这也可以称得上是逆袭了。不过，他能够逆袭，主要靠的还是之前周密而深入的调研，以及充分、全面的准备。可见，成功没有偶然，一切逆袭都是有备而来。

# 风光路上没电梯：想当命运宠儿，请先加倍努力

在通往人生巅峰的路上，到底有没有一部电梯，能搭载着我们，在几分钟甚至几十秒钟就到达成功的殿堂呢？答案是"没有"。我们没有办法"一步登天"走到成功金字塔的顶端，想要走向人生巅峰，无论是谁都需要经过无数个日月星辰的更迭。无数事实告诉世人，风光的路上没有电梯，我们必须一级台阶一级台阶地往上攀登。

被中国影迷们亲切地称为"小李子"的莱昂纳多·迪卡普里奥，在1997年的时候因为其主演的电影《泰坦尼克号》的热映而闻名全世界。

年轻时的小李子帅得一塌糊涂，迷倒了全世界一大票女粉丝。随着年龄的增长，他虽然看上去已经不那么帅了，身材也常常被人取笑，但不可否认的是，小李子的演技却与日俱增，俨然已是实力派演员一名。

命运就像是一直在跟小李子开玩笑一样，虽然小李子出演了不少很有诚意很有担当的电影作品，但是奥斯卡金像奖这座小金人却屡屡与小李子擦肩而过，甚至连远在太平洋西岸的中国影迷们都不禁为他着急。

幸好，只要你不断努力，命运总是会青睐你的。在小李子不断的努力下，终于在2016年1月8日，凭借在电影《荒野猎人》里出色的表演，小李子获得了第88

届奥斯卡金像奖最佳男主角奖。这次终于捧得了小金人，对于小李子来说，虽然等待得似乎有点过于漫长，但也终于等到了，小李子实现了他人生中最大的一个目标。

风光的路上没有电梯，如果你想当命运青睐的宠儿，就请先付出足够的努力。小李子之前出演了很多部电影，一次又一次奉献出精彩的表演，但却一次又一次与"小金人"擦肩而过，其实对小李子来说这也是一件好事。因为这正好可以刺激他不断主动地锤炼自己的演技，直至炉火纯青的地步。如今，那个当初靠颜值取胜的大男孩，已经靠自己一步一个脚印的刻苦努力，蜕变成为靠实力说话的成熟男人、顶级实力派男演员。

这启示我们，只要你不断努力付出，不断提升自己的实力，老天爷总会把你最想要的东西给你的。然而，如果在你的实力、付出都还远远不够的时候，就想得到自己最想要的东西，那是不太可能的。

每一个有追求的人都希望能早一点实现自己的目标。但是，如果你想早一点得到你想的，其捷径就是加倍努力。等你的付出累积到足够多时，实力提升到足够强大时，量变产生质变，你就会获得命运的青睐，梦想成真。

有个胸怀远大抱负的年轻人，千里迢迢来到了一家道观，找到了一位长者。这位长者是一位世外高人，仙风道骨，剑术高超。年轻人要向长者学习剑术。刚开始时，长者拒绝了。但年轻人并不放弃，在道观外跪了三天三夜。最终，长者被感动，决定传授一套剑法给这位年轻人。年轻人喜出望外。

当年轻人练习剑法练到第十天时，他忍不住问长者："师父，像我这般苦练，依您之见，要想把这套剑法练到纯熟，需要多少时间？"长者捻了捻胡须，轻轻答道："三个月。"

年轻人又问道："如果我再勤奋些，不分白天黑夜地练，在吃饭、走路的时候都研习剑法，是不是练成的时间就能大大缩短了？这需要多长时间呢？"长者回答："三十年。"

这三个字让年轻人陷入沉默之中。练习三个月，剑术可以变得纯熟，但年轻人嫌这个时间太长。然而当他认为自己再加倍苦练，练成的时间也会相应加倍减少时，长者却给他提供了一个"三十年"的答案，这令他顿时醒悟，自己"欲速则不达"的行为是有多么的愚蠢与可笑。

相信很多人都听说过"一万小时定律"。1993年，瑞典心理学家安德森在柏林音乐学院的授课中，做过这样一番调查和研究。他根据目前学生的水平，将其分成了三组，水平稍差的那一组学生，总共的练琴时间大概是4000个小时；水平稍好一点的那组学生，练琴时间大概是8000个小时。水平最好、最被老师寄予厚望那一组，练琴时间大概是10000个小时。

安德森由此得出结论，时间与付出成正比，付出又和收获成正比。一个人花了多长时间，证明他能有多大的成就。不花费足够的时间，根本不可能把琴练成，把画画好。练琴如此，绘画如此，想做成人世间的任何一件事情皆是如此。

谁不想快一点成功呢？谁不想一夜成名，迅速成为人生的大赢家啊？然而，风光的路上没有电梯，不可能"一步登天"。想要当命运的宠儿，该付出的努力一定要足够才行。

作为名牌大学的毕业生，小珠的同届同学一个个都找到了满意的工作，她却一直找不到让自己满意的工作。最后她终于找到了一份她很喜欢的工作，在某所大学的图书馆里当管理员。然而，在同学们看来，小珠的这份工作让大家大跌眼镜。大家都觉得，她不应该去做这么一份"没出息"的工作。但是，小珠却发现这份工作挺不错的，不但工作压力不大，还可以有很多时间让自己去学到很多知识。

时间匆匆而过，很快大家都已经毕业10年了。这时候的小珠，已经凭着自己以前学到的知识与积累的经验，在她所处的一线大城市里开了好几家属于自己的书店，俨然做成连锁书店的发展态势了。虽然现在实体书店不景气，但是小珠的书店是图书、杂志结合咖啡、茶、各种女生喜爱的小东西等一起卖，结果经营得越来越好。而她的同学大都还在为别人打工。

在实力还不足够强大的时候，千万不要贪快，否则很容易失败。让我们收起浮躁，还自己一颗平静、祥和、自然的心，在奋斗的路上走得稳一些，踏实一些。当温度够了，水自然会沸腾；当付出够了，回报自然会来。在努力、付出还没足够之前，请不断付出你的努力。

# 既自律又努力，成功就一定会来找你

　　一个人的前途是一片光明还是一片灰暗，取决于他的学识，更取决于他的品格；取决于他的智力，更取决于他的心地；取决于他的天赋、优势、长处，更取决于他的耐心、纪律性、自制力。

　　无论你出身大富之家还是平民之家，无论你天纵英才还是资质平平，有一项品质对你来说都不可或缺，那就是：自律。在漫漫人生路上，自制力是帮助你顺利通过悬崖边的安全屏障，如果你失去了自制力，会很容易陷入欲望的泥沼里无法自拔，变得毫无节制，随心所欲，横行无忌，最终落得一个一败涂地、不可收拾、后半生凄凉的境地。更严重的，可能会搭上了一条命！

　　埃迪·格里芬还没有进入NBA（美国男子篮球职业联盟）打球时，其发展前景就已经被球探、专家们普遍看好。身高二米〇八的他，不仅擅长盖帽，而且还具备后卫一样的三分火力和快攻速度。在加入休斯敦火箭队后，马上就被火箭队高层称为未来的"德雷克斯勒"，是火箭队重点培养的对象。

　　事实证明，他与姚明、弗朗西斯组成的"火箭三叉戟"确实也曾威震一方。只可惜，毫无自制力的他，在收入迅速提高后，就变得毫不自律、节制，并过上了随心所欲的放荡生活，结果这颗"未来之星"早早地陨落了。

格里芬不但很不自律，而且性情孤僻，不善于与人交流，结果在职业生涯的前两年里，他就犯下了一系列的过错：经常缺席训练，多次被停赛，因酗酒接受过专门的酒精治疗，还因吸毒被警方抓过几次。最终，因为无故缺席球队的训练和比赛，火箭队管理层终于忍无可忍，便把他扫地出门了。

被赶出了休斯敦火箭队后，他被当时主场还在新泽西的篮网队收留了。球队先是把他送到了戒酒中心去治疗，然后希望他能够尽快进行恢复性训练。没想到，因自我放纵惹来的场外麻烦还是没能让他得到哪怕一次的上场机会。两个月后，篮网队宣布把他裁掉。之后，他以极低的身价加入明尼苏达森林狼队。

加入森林狼队后的第一个赛季，他还能好好上场打比赛。但没想到的是，他收敛了没有多久，又开始放纵自我。最后，森林狼队也把他赶走了。

当时还是森林狼主帅的凯西教练颇为格里芬感到惋惜："他始终都没有改变自己的坏习惯，这对他来说真是悲剧。"是啊，即使他天赋异禀，但缺乏自律，毫不自制，总是随心所欲地放纵自己，这样的球员，哪个球队敢收留呢？

2007年8月17日凌晨，格里芬驾驶着一辆SUV，无视铁路警告标志，强行穿越护栏，结果撞上了一辆疾驶而来的货运列车。最后车子被大火烧毁，格里芬的尸体被烧得面目全非，警方通过尸体牙齿的DNA鉴定，才确认了他的身份。他死的时候才25岁。

一个不自律、没有节制、无法约束自己的人，往往都会在放纵里走向自我毁灭。没有人一生下来就注定了这辈子会成功或者失败。每个人后来发生的一切，都不过是因为当初选择的不同而有了结果的差异。正确的选择能让人幸福，错误的选择会使人堕落。有些人之所以能成为强者，不是因为战胜了对手，而是因为战胜了自己。切记，人生的舵盘虽由许多部件组成，但其中最重要的是努力、自律和不灭的希望。

杰瑞·莱斯是公认的美式足球前卫接球员的最佳代表，他在球场上的表现已经证明了这一点。他身边的人都认为他是一个天生的运动员，因为他拥有着惊人的体能、优秀得令人震惊的身体条件。他是那种任何一位足球主教练都梦寐以求的前锋球员。

　　当然，仅仅拥有惊人的体能和出色的身体条件，还不足以令他成为美式足球界的传奇人物。他能取得卓越的成就，真正原因是他拥有极其强大的自律能力。他每天都会拼命地锻炼身体，试图攀越更高的境界。在职业足球界，没有第二个人在体能锻炼方面比他更规律。

　　他为什么会拥有强大的自律能力以及自我鞭策能力呢？这要从他体能训练的故事说起。当他还在高中校队的时候，每次练习前教练都规定，球员要以蛙跳的方式，弹跳前进到一座40米高的山丘前，然后弹跳回来。就这样来回20趟，然后才可以休息。

　　在炎热而潮湿的天气下，有一次他完成了第11趟后就感到身体有些吃不消了，于是他偷偷回到了球员休息室。刚走进门时，他突然意识到自己的行为很不可取。他连忙回到练习场上，最终完成了他的弹跳任务。从那一天起，他再也没有半途而废过。

　　成为职业球员后，当每次赛季结束以后，其他球员都去钓鱼或享受假期时，莱斯却仍旧保持着平时的作息规律，每天从早晨七点钟开始做体能训练，直到中午。曾有人开玩笑说："他的身体已经锻炼到了高度完美的状态，现在即使是功夫明星，跟他比起来也只像是一个相扑选手。"

　　其实，莱斯早已把足球赛季看成是一年365天的挑战。美国职业足球联盟的明星凯文·史密斯曾这样评价他："他的确天赋过人，然而他的努力程度更是所有人都比不上的，这正是好球员与传奇球星的分野。"

　　从杰瑞·莱斯的身上我们看到了自律的强大作用。我们甚至可以断言，没有任何人可以在缺少自律的情况下获得并保持成功。在现实生活中，一位成功人士无论拥有多么过人的天赋，若不能做到自律，就绝不可能把自己的潜能发挥到极致，即使偶然成功了，这种成功也不可能持续下去。而一个人一旦做到了既能自律又持续努力，成功就一定会主动前来找他。

　　世界上确实存在着天赋异禀的人。但如果没有足够的努力和自律，那么即使是天赋异禀的人，成绩也只会止步于此而已。唯有总是保持自律，且一直努力付出，才会更容易赢得机会和成功的青睐。

# 练好真本事：不想被淘汰，先把斧头磨快

美国经济大萧条时期，失业率居高不下。为了提供更多就业机会，美国政府专门划出了一片大森林，然后招了上百个人前去负责砍伐。有个年轻人在得到了这份工作后，非常珍惜，决定好好表现一下。

上班的第一天，他非常卖力，不停地挥舞着斧头。一天下来，他一共砍倒了18棵大树，工头非常满意，把他夸了一通。年轻人受到了鼓励，心里很高兴，暗自发誓明天要有更好的表现，以感谢领导对自己的赏识。

第二天，年轻人甩开膀子拼命干活。干着干着，他开始感觉自己的腰又酸又疼，腿则像灌了铅一样，胳膊更是累得抬不起来。可就是累成了这副样子，第二天，他还是只砍了15棵树。由于比第一天砍得少了，所以年轻人在心里想，看来我还是不够卖力啊。第三天，他发了疯似的砍树，直到把自己累得浑身瘫软。可是，今天的结果更坏，他只砍了12棵树。

这个年轻人很有自觉性，他为自己一日不如一日的工作效率感到惭愧，于是主动找到了工头，向他表达了歉意，并检讨自己说："先生，虽然我并非有意偷懒，但我真是太没用了，越卖力越不出成绩。"工头出其不意地问了年轻人一句："你多长时间磨一次斧子？"年轻人一下子愣住了："我已经把所有时间都花在了砍树

上，哪里还有时间磨斧子啊？"

古语有云："工欲善其事，必先利其器。"但在利器与省时之间，人们往往选择后者。因而有人嘲笑那些花时间做好准备工作的人，嘲笑那些在"利器"上耗费精力的人，认为他们迂腐、愚笨，却不知真正的笨蛋是自己。因为，今天你不活在未来，明天就会活在过去；今天不把"斧头"磨快，明天就会被淘汰。

这启示我们，在人生路上，我们从来都没有一路放行的通行证，学历、职称和昔日的成就都不是能让我们一路顺畅的保证。当我们觉得自己的工作效率下降时，是不是该静心想一想，我们有多久没有"磨斧头"了？

很多人都急于出人头地，结果只顾着眼前的利益，从而忽视了学习和提升自己。殊不知，倘若我们一直在"砍树"，却忘了把"斧头"磨利，那么，落于人后将是早晚的事。

长江后浪推前浪。整个人类社会就是遵循着这一规律发展到今天的。还有一种规律是，当人自满于成功之时，失败可能正在接近。在一个竞争不太激烈的环境里，你还可以为暂时的成功陶醉很长一段时间而没有人会超越你。但是，在今天这样一个竞争如此激烈的时代，你只要陶醉很短的时间，也很有可能会被人远远地甩在身后。所以，不想被淘汰，就要经常把你的"斧头"磨快，不断磨炼你的真本事。

很多人整天想着挣大钱，想着成就一番大事业。这些人其实也曾大张旗鼓地开始过，也曾找过项目和资金，可是所有的工作都没能落到实处，好像是走过场一样，最后所有的计划都不了了之。还有一些人说的时候天花落坠，把蓝图描绘得非常美好，可等到行动时却没有了动静，既不肯努力又不肯付出，结果所谓的蓝图最终成为一张白纸。

其实，并不是耍耍花架子、练练虚把式就可以获得成功。想要成为一名真正的成功者，就必须苦练真本事，提升自己的能力和实力，这才是成为一名成功人士之前必须要做的事情。如果一个人只是耍耍花架子和虚把式，那么只能成为一个一事无成的失败者。

就像下海捕鱼一样，渔夫只有练好观察鱼群动向的本领，结好结实稠密的渔网，才能打到更多的鱼。如果渔夫在结网的时候偷懒，或者只顾着渔网结的是否好看，那么他必定会一无所获。凡是成功人士，都懂得讲究务实的重要性，他们在"捕鱼"之前就已经结好了自己的渔网，并且不断努力提升自己的能力，从而练就了一身的真本事。

挪威小提琴家奥尔·布林在还没有出名的时候，技艺就早已练得非常纯熟，足以与大师级的音乐演奏者相媲美。当然，久久不能成名的奥尔·布林心里还是很难过的，因为他品尝到了怀才不遇的滋味。但他并没有放弃，而是依旧刻苦训练，不断提高着自己的实力。

有一天，著名女歌手玛丽·布朗从奥尔·布林的窗前走过。这时她恰好听到奥尔·布林的小提琴演奏。只见她听得如醉如痴，好像从来未曾想到小提琴也可以演奏出如此优美动人的旋律似的。听完一曲后，布朗立即打听到了这位无名乐手的名字，并把奥尔·布林引荐给了自己的经纪人。于是，奥尔·布林从此开始了自己的演艺生涯。

刚进剧团时，因为没有名气，所以没有几个人注意到他。此后不久，布朗在演出前突然和经理发脾气，然后拒绝出演。这令观众怨声沸腾。就在这个时候，奥尔·布林被派到聚集了大批观众的前台来救场。好机会终于降临到了他的头上，他用一个小时的演奏时间把自己推上了世界音乐殿堂的巅峰。

在自己默默无闻时，他一直坚持刻苦地磨炼自己的演奏技艺，就是在为这次一鸣惊人的机会做着准备。试想，如果没有足够的实力，即使机会来了，也不可能一鸣惊人。在这个世界上，没有人知道机遇什么时候会降临，会以一种什么样的形式降临。所以，想要成为成功者，就必须不断苦练自己的本领，提升自己的能力，然后等着机遇的出现。一旦抓住机遇，就借机成就自己。